Crítica e Verdade

Coleção Debates
Dirigida por J. Guinsburg

Equipe de realização – Tradução: Leyla Perrone-Moisés; Revisão: Geraldo Gerson de Souza; Produção: Ricardo W. Neves e Sergio Kon.

roland barthes
CRÍTICA E VERDADE

PERSPECTIVA

Título dos originais em francês
Critique et Vérité e *Essais Critiques*

Copyright © by Editions du Seuil, Paris

CIP-Brasil. Catalogação-na-Fonte
Sindicato Nacional dos Editores de Livros, RJ

Barthes, Roland
    Crítica e verdade / Roland Barthes ; [tradução
Leyla Perrone-Moisés]. -- São Paulo : Perspectiva,
2013. -- (Debates ; 24 / dirigida por J. Guinsburg)

    Título original: Critique et vérité e Essais Critiques
    4ª reimpr. da 3. ed.
    Bibliografia
    ISBN 978-85-273-0201-2

    1. Ciências humanas 2. Comunicação 3. Crítica
literária 4. Teoria literária I. Guinsburg, J..
II. Título. III. Série.

07-2514   CDD-801.95

Índices para catálogo sistemático:
1. Crítica literária 801.95

3ª edição - 4ª reimpressão
[PPD]

Direitos reservados em língua portuguesa à

EDITORA PERSPECTIVA LTDA.

Av. Brigadeiro Luís Antônio, 3025
01401-000 São Paulo SP Brasil
Telefax: (11) 3885-8388
www.editoraperspectiva.com.br

2019

SUMÁRIO

Apresentação	7
ENSAIOS CRÍTICOS	13
Prefácio	15
Literatura e Metalinguagem	27
Escritores e Escreventes	31
A Imaginação do Signo	41
A Atividade Estruturalista	49
Estrutura da Notícia	57
A Literatura Hoje	69
Literatura Objetiva	81
Literatura Literal	93
Uma Conclusão sobre Robbe-Grillet?	101
Literatura e Descontínuo	111
Mãe Coragem Cega	125
A Revolução Brechtiana	129

As Tarefas da Crítica Brechtiana 133
De um Lado e do Outro 139
As Duas Críticas..149
O que é a Crítica.. 157
Literatura e Significação 165

CRÍTICA E VERDADE... 185

APRESENTAÇÃO

"Deve-se queimar Roland Barthes?" Esta pergunta, inscrita numa fita de papel envolvendo os *Essais critiques*, situa Barthes como um objeto de polêmica. E com efeito ele o tem sido, desde seu primeiro artigo, em 1947, até sua mais recente publicação, *S/Z* (1970).

A primeira obra de Barthes, *Le degré zéro de l'écriture* (1953), tratava de uma certa escritura neutra, escritura no grau zero, característica de nosso tempo e que constituiria "o último episódio de uma Paixão da escritura, que acompanha o dilaceramento da consciência burguesa". Surgindo como um crítico marxista, mas recusando o determinismo histórico e social direto, Barthes atraiu desde logo as suspeitas da direita e da esquerda.

Em *Michelet par lui-même* (1954), Barthes enveredou por uma crítica de base psicanalítica, também recebida com certas reservas. Mas foi ao atacar Racine de um modo totalmente novo, segundo vias psicanalíticas um pouco diversas das de seu Michelet, que Barthes atraiu a ira da crítica tradicional. O crítico tocara um objeto sagrado, e sua iconoclastia provocou a santa indignação dos defensores do templo.

O livro de Raymond Picard, *Nouvelle critique, nouvelle imposture*, foi o anátema lançado pelos cultores do classicismo intocável. A este livro, Barthes retrucou com *Critique et Vérité*, que pela segurança de argumentos e por sua requintada ironia definia e enterrava de uma vez por todas a "velha crítica" ("*puisque nouvelle critique il y a*").

Considerado desde então como o verdadeiro mestre da nova crítica francesa, paradoxal e felizmente, Barthes não foi de todo assimilado. Continuou sendo alvo de ataques vindos dos mais variados pontos. Uma das críticas que mais frequentemente se fizeram e se fazem, ainda hoje, a Barthes, é a que se refere a sua inconstância.

Mesmo os que aceitam uma crítica de base marxista, psicanalítica, fenomenológica, estilística, estruturalista ou semiológica, relutam por vezes a aceitar esse crítico que assume todas essas posições alternadamente ou ao mesmo tempo. Em nome de um purismo ideológico irrealizável e indesejável numa verdadeira crítica, acusam Barthes de charlatanice e de inconstância.

Acusam-no de "seguir a moda", esquecidos de que a moda, considerada em certo nível, é algo muito sério, é o sistema de formas que define uma época. Por outro lado, qualquer pretensão a uma visão intemporal dos fenômenos é ilusória. A abertura de Barthes à contemporaneidade, sua permanente disponibilidade para o novo, são as qualidades que seus detratores vêm como defeitos.

Quanto à inconstância, só quem conhece superficialmente a obra de Barthes pode atacá-lo por essas "infidelidades". Em primeiro lugar, Barthes é um escritor vivo; sua obra não se apresenta como algo acabado, fechado, mas caracteriza-se por uma "suspensão de sentido" (usando sua própria expressão) que permite uma constante reformulação. Mais do que um escritor vivo, portanto em mutação, Barthes é um escritor, e "o escritor é um experimentador público: ele varia o que recomeça; obstinado e infiel, só conhece uma arte: a do tema e das variações"[1].

Postas essas ressalvas, podemos dizer, por outro lado, que esta obra aberta e em evolução apresenta algumas linhas de força que permanecem constantes sob a variação. Vejamos alguns dos pontos-chave da obra barthesiana.

Primeiramente, a afirmação da autonomia da linguagem literária. Escrever, para Barthes, sempre foi "um verbo intransitivo"[2]. A obra literária não é mensagem, é fim em si própria. A linguagem nunca pode dizer o mundo, pois ao dizê-lo está criando um outro mundo, um mundo em segundo grau regido por leis próprias que são as da própria linguagem. O sistema da linguagem não é análogo ao sistema do mundo, mas homólogo. A linguagem literária nunca aponta o mundo, aponta a si própria: "O escritor concebe a literatura como fim, o mundo lha devolve como meio; e é nessa *decepção* infinita que o escritor reencontra o mundo, um mundo estranho, aliás, já que a literatura o representa como uma pergunta, nunca, *definitivamente*, como uma resposta."[3]

A literatura, para Barthes, é um "sistema deceptivo", caracterizado pela "suspensão do sentido". Entra aqui uma distinção básica da obra barthesiana: a distinção entre *sentido* e *significação*: "Entendo por *sentido* o conteúdo (o significado) de um sistema significante, e por *significação* o processo sistemático que une um sentido e uma forma, um significante e um significado."[4] A literatura nunca é *sentido*, a literatura é processo de produção de sentidos, isto é, *significação*.

A função da crítica não é pois descobrir e explicar o sentido de uma obra literária, mas descrever o funcionamento do sistema produtor de significação. Não o que a obra significa, mas como a obra chega a significar. Além disso, a crítica é *metalinguagem*, linguagem sobre a linguagem, e está portanto submetida às mesmas exigências da linguagem literária. Assim como a linguagem literária não pode dizer o mundo,

1. V. p. 16.
2. V. p. 33.
3. V. p. 33.
4. V. p. 67. (nota).

a linguagem crítica não pode dizer a obra. O crítico é aquele que, mais do que a obra de que fala, deseja sua própria linguagem. E o sentido dessa é tão suspenso quanto o da literatura. O que faz a boa crítica não é sua veracidade, mas sua validade, a força de sua sistemática.

O próprio da linguagem literária é ser uma linguagem da *conotação* e não da *denotação* (V. *Eléments de sémiologie, Communications* nº 4, 1964). Portanto, o que interessa à literatura não é o referente (aquilo que é denotado) mas o próprio poder conotativo do signo linguístico, sua polissemia. Estudando o signo literário em confronto com os signos dos demais sistemas simbólicos, Barthes tem contribuído enormemente para a semiologia eu semiótica, ciência geral dos signos na qual os estudos literários se integrarão um dia.

Assim anunciou Saussure a semiologia, como a grande ciência que englobaria todos os estudos de sistemas simbólicos. Esta não é, entretanto, a posição de Roland Barthes; considerando que *"tout système sémiologique se mêle de langage"*[5], afirma ele que a semiologia será uma parte da linguística, aquela que se encarregará das grandes unidades significantes do discurso.

Partindo do princípio de que tudo é linguagem, Barthes se alia naturalmente àqueles que veem a linguística como o modelo das ciências humanas. Dessa forma, tem participado ativamente dos estudos conjuntos para a elaboração de uma ciência da literatura, através de um tipo de análise que toma o estruturalismo linguístico por guia.

Mas o estruturalismo literário de Barthes não é ortodoxo, como não o foram suas utilizações do marxismo e da psicanálise. Como ele próprio diz, em "O que é a crítica?", é nos arredores dessas "ideologias" que surge a crítica mais criadora. Acima de sua vocação de pesquisador e de professor, está sua vocação de escritor, e esta exige dele uma liberdade, uma disponibilidade que tem sido por vezes confundida com infidelidade. Entre a poética e a crítica, Barthes escolhe a

5. "Eléments de sémiologie", *Le degré zéro de l'écriture*, Editions Gonthier, 1965, p. 80.

segunda, pois é, antes de mais nada, um enamorado de sua própria linguagem.

Eis por que a linguagem barthesiana não é uma linguagem transparente, uma linguagem-meio, mas uma linguagem opaca de escritor. Seu estilo é metafórico, e exerce uma particular ironia com relação ao referente e com relação a ele próprio. Envolve o objeto pouco a pouco, assim como envolve o leitor. Seu modo de abordagem é fenomenológico: a descrição vai descrevendo círculos, numa espiral que acaba por agarrar o objeto numa definição inesperada e feliz. Frequentemente Barthes apresenta o objeto de sua crítica segundo uma óptica de estranhamento, de modo que, quando ele o nomeia finalmente, temos a surpresa de o reconhecer e de o receber enriquecido por essa inesperada abordagem. É por esse poder de envolvimento, de sedução, que Michel Butor qualificou certa vez sua escritura como "fascinatrice".

Esta coletânea reúne alguns dos textos fundamentais de Roland Barthes: uma escolha dos *Essais critiques* e o texto integral de *Critique et Vérité*. Alguns deles, como "Escritores e Escreventes", "Literatura e metalinguagem", "O que é a crítica?" e "Literatura e significação", são trabalhos imprescindíveis para quem se preocupa com os problemas da literatura e se propõe encará-los com um enfoque realmente atual. Outros, como "A imaginação do signo" e "A atividade estruturalista", interessam aos estudiosos das comunicações e das ciências humanas em geral. *Critique et Vérité*, por sua vez, já foi traduzido para numerosas línguas, o que comprova sua importância.

No texto original, os *Ensaios críticos* estão ordenados cronologicamente. Optou-se aqui por uma ordenação segundo o assunto, arranjo organizado com plena aprovação do autor, que já fizera coisa semelhante para uma edição italiana da obra. Pede-se, entretanto, que os leitores atentem para as datas dos artigos, o que explicará algumas repetições ou "infidelidades" barthesianas.

Traduzir Barthes é uma empresa difícil, quase temerária. A cada passo, o tradutor teme deixar escapar nos interstícios de uma nova língua as conotações que fazem da sua escritura uma fala de escritor. Nosso trabalho tornou-se menos imperfeito graças aos conselhos amigos de Albert Audubert, Haroldo de Campos e José Paulo Paes, a quem a tradutora deixa aqui seu agradecimento.

LEYLA PERRONE-MOISÉS

ENSAIOS CRÍTICOS

PREFÁCIO

Reunindo aqui textos que apareceram como prefácios ou artigos de dez anos a esta parte, aquele que os escreveu gostaria de explicar-se acerca do tempo e da existência que os produziu, mas não pode fazê-lo: ele teme que o retrospectivo seja apenas uma categoria da má fé. Escrever implica calar-se, escrever é, de certo modo, fazer-se "silencioso como um morto", tornar-se o homem a quem se recusa *a última réplica*, escrever é oferecer, desde o primeiro momento, essa última réplica ao outro.

A razão está em que o sentido de uma obra (ou dum texto) não pode fazer-se sozinho; o autor nunca produz mais do que presunções de sentido, formas, por assim dizer, e é o mundo que as preenche. Todos os textos dados aqui são como elos de uma cadeia de sentido, mas essa cadeia é flutuante. Quem poderia fixá-la, dar-lhe um significado seguro? O tempo, talvez: reunir textos antigos num livro novo é querer interrogar o tempo, pedir-lhe que dê sua resposta aos fragmentos que vêm do passado; mas o tempo é duplo, tempo da escritura e tempo da memória, e essa duplicidade chama por sua vez um sentido seguinte: o próprio tempo é uma forma. Posso falar hoje do brechtismo ou do Novo Romance (já que esses movimentos ocupam esses *Ensaios*) em termos semânticos (já que essa é minha linguagem atual) e tentar justificar assim um certo itinerário de minha época e de mim mesmo, dar-lhe o ar de um destino inteligível, não impediria porém que essa linguagem panorâmica pudesse ser tomada pela *palavra* de um outro – e esse outro será talvez eu mesmo. Existe uma circularidade infinita das linguagens: eis um pequeno segmento do círculo.

Isso é para dizer que, mesmo se o crítico, por função, fala da linguagem dos outros a ponto de querer aparentemente (e por vezes abusivamente) concluí-la, assim como o escritor, o crítico nunca tem *a última palavra*. Ainda mais, é esse mutismo final, que forma sua condição comum, que desvenda a identidade verdadeira do crítico: o crítico é um escritor. Essa é uma pretensão de ser, não de valor; o crítico não pede que lhe concedam uma "visão" ou um "estilo", mas somente que lhe reconheçam o direito a uma certa fala, que é a fala indireta.

O que é dado a quem se relê, não é um sentido, mas uma infidelidade, ou antes, o sentido de uma infidelidade. Esse sentido, é preciso sempre voltar a isso, é que a escritura nunca é uma linguagem, um sistema formal (qualquer que seja a verdade que a anima); em um dado momento (que é talvez o de nossas crises profundas, sem outra relação com o que dizemos do que a de mudar-lhe o ritmo), essa linguagem pode sempre ser falada por uma outra linguagem; escrever (ao longo do tempo), é procurar sem garantias *a maior linguagem*, aquela que é a forma de todas as outras. O escritor é um experimentador público: ele varia o que recomeça; obstinado e infiel, só conhece uma arte: a do tema e das variações. Nas variações, os combates, os valores, as ideologias, o tempo, a avidez de viver, de conhecer, de participar, de falar, em resumo os conteúdos; mas, no tema, a obstinação das formas, a grande função significante do imaginário, isto é, a própria inteligência do mundo. Somente, ao oposto do que se passa na música, cada uma das variações do escritor é tomada por um tema sólido, cujo sentido seria imediato e definitivo. Esse engano não é desprezível, constitui a própria literatura, e mais precisamente aquele diálogo infinito do crítico com a obra, que faz com que o tempo literário seja igualmente o tempo dos autores que avançam e o tempo da crítica que os retoma, menos para dar um sentido à obra enigmática do que para destruir aqueles de que ela está imediatamente e para sempre sobrecarregada.

Existe talvez uma outra razão para a infidelidade do escritor: é que a escritura é uma atividade; do ponto de vista daquele que escreve, ela se esgota numa série de operações práticas; o tempo do escritor é um tempo operatório, e não um tempo histórico, tem apenas uma relação ambígua com o tempo evolutivo das ideias, de cujo movimento ele não participa. O tempo da escritura é com efeito um tempo defectivo: escrever é ou projetar ou terminar, mas nunca "exprimir"; entre o começo e o fim, falta um elo, que poderia entretanto passar por essencial, o da própria obra; escreve-se talvez menos para materializar uma ideia do que para esgotar uma tarefa que traz em si sua própria felicidade. Existe uma espécie de vocação da escritura à *liquidação*; e embora o mundo lhe devolva sempre sua obra como um objeto imóvel, munida uma vez por todas de um sentido estável, o próprio escritor não pode vivê-la como um alicerce, mas antes como um abandono necessário: o presente da escritura já é passado, seu passado um anterior muito longínquo; é entretanto no momento em que ele se desliga "dogmaticamente" (por uma recusa de herdar, de ser fiel), que o mundo pede ao escritor que sustente a responsabilidade de sua obra; pois a moral social exige dele uma fidelidade aos conteúdos, enquanto ele só conhece uma fidelidade às formas: o que o *segura* (a seus próprios olhos) não é o que ele escreveu, mas a decisão obstinada de o escrever.

O texto material (o Livro) pode ter portanto, do ponto de vista de quem o escreveu, um caráter inessencial, e mesmo, em certa medida, inautêntico. Assim vemos frequentemente as obras, por uma artimanha fundamental, serem sempre apenas seu próprio projeto: a obra se escreve procurando a obra, e é quando ela começa ficticiamente que ela terminou praticamente. O sentido do *Tempo Perdido* não é o de apresentar a imagem de um livro que se escreve sozinho procurando o Livro? Por uma retorsão ilógica do tempo, a obra material escrita por Proust ocupa assim, na atividade do Narrador, um lugar estranhamente intermediário, situado entre uma veleidade (*quero escrever*) e uma decisão (*vou escrever*). É que o tempo do escritor não é um tempo diacrônico, mas um tempo épico; sem presente e sem passado, ele está inteiramente entregue a um *arrebatamento* cujo objetivo, se pudesse ser conhecido, pareceria tão irreal aos olhos do mundo quanto eram os romances de cavalaria aos olhos dos contemporâneos de Dom Quixote. É por isso também que esse tempo ativo da escritura se desenvolve muito aquém do que se chama comumente um *itinerário* (Dom Quixote não o tinha, ele que, no entanto, perseguia sempre a mesma coisa). Com efeito, somente o homem épico, o homem da casa e das viagens, do amor e dos amores, pode representar-nos uma infidelidade tão fiel.

Um amigo acaba de perder alguém que ele ama e eu quero dizer-lhe minha compaixão. Ponho-me então a escrever-lhe espontaneamente uma carta. Entretanto, as palavras que encontro não me satisfazem: são "frases": faço "frases" com o mais amoroso de mim mesmo; digo-me então que a mensagem que quero mandar a esse amigo, e que é minha própria compaixão, poderia em suma reduzir-se a uma simples palavra: *Condolências*. Entretanto, o próprio fim da comunicação a isso se opõe, pois essa seria uma mensagem fria, e por conseguinte *inversa*, já que o que eu quero comunicar é o próprio calor de minha compaixão. Concluo que para retificar minha mensagem (isto é, em suma, para que ela seja exata) é preciso não só que eu a varie, mas ainda que essa variação seja original e como que inventada.

Reconhecer-se-ão nessa sequência fatal os constrangimentos da própria literatura (se minha mensagem final se esforça por escapar à "literatura", isso apenas uma última variação, uma artimanha da literatura). Como minha carta de pêsames, todo escrito só se torna obra quando pode variar, *em certas condições*, uma primeira mensagem (que talvez também seja boa: *amo, sofro, compadeço-me*). Essas condições de variações são o ser da literatura (o que os formalistas russos chamavam de *literaturnost*, a "literaridade"), e assim como minha carta, só podem finalmente ter relação com a *originalidade* da segunda mensagem. Assim, longe de ser uma noção crítica vulgar (hoje inconfessável), e sob condições de pensá-la em termos informacionais (como a linguagem atual o permite), essa originalidade é ao contrário o próprio fundamento da literatura; pois é somente me submetendo à sua lei que tenho chance de comunicar com exatidão o que quero dizer; em literatura, como na comunicação privada, se quero ser menos "falso", é preciso que eu seja mais "original", ou, se se preferir, mais "indireto".

A razão não está absolutamente em que sendo original eu me manteria mais próximo de uma espécie de criação inspirada, dada como uma graça para garantir a verdade de minhas palavras: o que é espontâneo não é forçosamente autêntico. A razão está em que essa mensagem primeira, que deveria servir a dizer *imediatamente* minha pena, essa mensagem pura que desejaria denotar simplesmente o que está em mim, essa mensagem é utópica; a linguagem dos outros (e que outra linguagem poderia existir?) me devolve essa mensagem não menos imediatamente decorada, sobrecarregada de uma infinidade de mensagens que eu não quero. Minha fala só pode sair de uma língua: essa verdade saussuriana ressoa aqui bem além da linguística; escrevendo simplesmente *condolências*, minha compaixão se torna indiferente, e a palavra me mostra como um frio respeitador de certo uso; escrevendo num romance: *durante muito tempo me deitei cedo*, por mais simples que seja o enunciado, o autor não pode impedir que o lugar do advérbio, o emprego da primeira pessoa, a própria inauguração de um discurso que vai contar, ou melhor ainda, recitar uma certa exploração do tempo e do espaço noturnos, desenvolvam já uma mensagem segunda, que é uma *certa* literatura.

Quem quiser escrever com exatidão deve pois se transportar às fronteiras da linguagem, e é nisso que ele escreve verdadeiramente *para os outros* (pois, se ele falasse somente a si próprio, uma espécie de nomenclatura espontânea de seus sentimentos lhe bastaria, já que o sentimento é imediatamente seu próprio nome). Toda propriedade da linguagem sendo impossível, o escritor e o homem privado (quando ele escreve) são condenados a *variar* desde o início suas mensagens originais, e já que ela é fatal, escolher a melhor conotação, aquela cujo aspecto indireto, por vezes fortemente retorcido, deforma o menos possível, não o que eles querem dizer mas o que eles querem dar a entender; o escritor (o amigo) é pois um homem para quem falar é imediatamente *escutar* sua própria *fala*; assim se constitui uma *fala recebida* (embora ela seja uma fala criada), que é a própria fala da literatura. A escritura é com efeito, em todos os níveis, a fala de um outro, e podemos ver nessa reviravolta paradoxal o verdadeiro "dom" do escritor; é preciso mesmo que aí o vejamos, já que essa antecipação da fala é o único momento (muito frágil) em que o escritor (como o amigo compadecido) pode fazer compreender que está olhando para o outro; pois nenhuma mensagem direta pode em seguida comunicar que a gente se compadece, a menos que se recaia nos signos de compaixão: somente a forma permite escapar à irrisão dos sentimentos, porque ela é a própria técnica que tem por fim compreender e dominar o teatro da linguagem.

A originalidade é pois o preço que se deve pagar pela esperança de ser acolhido (e não somente compreendido) por quem nos lê. Essa é uma comunicação de luxo, já que muitos pormenores são necessários para dizer poucas coisas com exatidão, mas esse luxo é vital, pois, desde que a comunicação é afetiva (esta é a disposição profunda da literatura), a banalidade se torna para ela a mais pesada das ameaças. É porque há uma angústia da banalidade (angústia, para a literatura, de sua própria morte) que a literatura não cessa de codificar, ao sabor de sua história, suas informações segundas (sua conotação) e de inscrevê-las no interior de certas margens de segurança. Assim vemos as escolas e as épocas fixarem para a comunicação literária uma zona vigiada, limitada de um lado pela obrigação de uma linguagem "variada" e de outro pelo encerramento dessa variação sob forma de um corpo reconhecido de figuras; essa zona – vital – se chama retórica, e sua dupla função é de evitar que a literatura se transforme em signo da banalidade (se ela for demasiadamente direta) e em signo da originalidade (se ela for demasiadamente indireta). As fronteiras da retórica podem alargar-se ou diminuir, do gongorismo à escritura "branca", mas é certo que a retórica, que não é mais que a técnica da informação *exata*, está ligada não somente a toda literatura mas ainda a toda comunicação, desde que ela quer fazer entender ao outro que o reconhecemos: a retórica é a dimensão *amorosa* da escritura.

Essa mensagem original, que é preciso variar para tornar exata, nunca é mais do que o que arde em nós; não há outro significado primeiro da obra literária senão um certo desejo: escrever é um modo do Eros. Mas esse desejo não tem de início à sua disposição mais do que uma linguagem pobre e banal; a afetividade que existe no fundo de toda a literatura comporta apenas um número reduzido de funções: *desejo, sofro, indigno-me, contesto, amo, quero ser amado, tenho medo de morrer*, é com isso que se deve fazer uma literatura infinita. A afetividade é banal, ou, se se quiser, típica, e isso comanda todo o ser da literatura; pois se o desejo de escrever é apenas a constelação de algumas figuras obstinadas, só é deixada ao escritor uma atividade de variação e de combinação: nunca há criadores, apenas combinadores, e a literatura é semelhante à barca Argos: a barca Argos não comportava – em sua longa história – nenhuma criação, apenas combinações; presa a uma função imóvel, cada peça era entretanto infinitamente renovada, sem que o conjunto deixasse de ser a barca Argos.

Ninguém pode pois escrever sem tomar apaixonadamente partido (qualquer que seja o distanciamento aparente de sua mensagem) sobre *tudo o que vai bem ou vai mal no mundo*; as infelicidades e as felicidades humanas, o que elas despertam em nós, indignações, julgamentos, aceitações, sonhos, desejos, angústias, tudo isso é a matéria única dos signos, mas esse poder que nos parece primeiramente inexprimível, de tal forma é primeiro, esse poder é imediatamente apenas o *nomeado*. Voltamos uma vez mais à dura lei da comunicação humana: o original não é ele próprio mais do que a mais banal das línguas e é por excesso de pobreza, não de riqueza, que falamos de inefável. Ora, é com essa primeira linguagem, esse nomeado, esse nomeado demais, que a literatura deve debater-se: a matéria-prima da literatura não é o inominável, mas pelo contrário o nomeado; aquele que quiser escrever deve saber que começa uma longa concubinagem com uma linguagem que é sempre *anterior*. O escritor não tem absolutamente de arrancar um verbo ao silêncio, como se diz nas piedosas hagiografias literárias, mas ao inverso, e quão mais dificilmente, mais cruelmente e menos gloriosamente, tem de destacar uma fala segunda do visgo das falas primeiras que lhe fornecem o mundo, a história, sua existência, em suma um inteligível que preexiste a ele, pois ele vem num mundo cheio de linguagem e não existe nenhum real que já não esteja classificado pelos homens: nascer não é mais do que encontrar esse código pronto e precisar acomodar-se a ele. Ouve-se frequentemente dizer que a arte tem por encargo *exprimir o inexprimível*: é o contrário que se deve dizer (sem nenhuma intenção de paradoxo): toda a tarefa da arte é *inexprimir o exprimível*, retirar da língua do mundo, que é a pobre e poderosa língua das paixões, uma outra fala, uma fala exata.

Se fosse de outra forma, se o escritor tivesse verdadeiramente por função dar uma primeira voz a alguma coisa de *antes da linguagem*, por um lado ele só poderia fazer falar uma infinita repetição, pois o imaginário é pobre (ele só se enriquece se combinamos as figuras que o constituem, figuras raras e magras, por mais torrenciais que pareçam a quem as vive), e por outro lado a literatura não teria nenhuma necessidade daquilo que no entanto sempre a fundamentou: uma técnica; não pode aí existir, com efeito, uma técnica (uma arte) da criação, mas somente da variação e do arranjo. Assim vemos as técnicas da literatura, muito numerosas ao longo da história (se bem que tenham sido mal recenseadas) empenharem-se todas a *distanciar* o nomeável que são condenadas a duplicar. Essas técnicas são, entre outras: a retórica, que é a arte de variar o banal recorrendo às substituições e aos deslocamentos de sentido; o arranjo, que permite dar a uma mensagem única a extensão de uma infinita peripécia (num romance, por exemplo); a ironia, que é a forma que o autor dá a seu próprio distanciamento; o fragmento, ou se se preferir, a reticência, que permite reter o sentido para melhor deixá-lo escapar em direções abertas. Todas essas técnicas, saídas da necessidade, para o escritor, de partir de um mundo e de um *Eu* que o mundo e o *Eu* já sobrecarregaram de um nome, visam a fundar uma linguagem indireta, isto é, ao mesmo tempo obstinada (provida de um objetivo) e deturpada (aceitando estações infinitamente variadas). Essa é, como vimos, uma situação épica; mas é também uma situação "órfica": não porque Orfeu "canta", mas porque o escritor e Orfeu sofrem ambos a mesma proibição, que faz seu canto: a proibição de se voltar para aquilo que amam.

Como Mme Verdurin tinha feito notar a Brichot que ele abusava do *Eu* em seus artigos de guerra, o universitário mudou todos os seus *Eus* para *Nós*[1], mas o "nós" não impedia que o leitor visse que o autor falava de si e permitiu ao autor continuar falando de si... sempre ao abrigo do "nós". Grotesco, Brichot é apesar de tudo o escritor; todas as categorias pessoais que este maneja, mais numerosas que as da gramática, não são mais que tentativas destinadas a dar à sua própria pessoa o estatuto de um verdadeiro signo; o problema, para o escritor, não é com efeito nem exprimir nem mascarar seu *Eu* (Brichot, ingenuamente, não o conseguia e aliás não tinha nenhuma vontade de o fazer), mas de *abrigá-lo*, isto é, ao mesmo tempo premuni-lo e alojá-lo. Ora, é geralmente a essa dupla necessidade que corresponde a fundação de um código: o escritor não tenta nunca mais do que transformar seu *Eu* em fragmento de código. É preciso aqui, uma vez mais, entrar na técnica do sentido, e a linguística, uma vez mais, nos ajudará.

Jakobson, retomando uma expressão de Peirce, vê no *Eu* um símbolo indicial: como símbolo, o *Eu* faz parte de um código particular, diferente de uma língua para outra (*Eu* se torna *Je*, *Ich* ou *I*, segue os códigos do francês, do alemão, do inglês); como índice, remete a uma situação existencial, a do proferinte, que é na verdade seu único sentido, pois *Eu* é inteiramente, mas também não é nada mais que aquele que diz *Eu*. Em outros termos, *Eu* não pode ser definido lexicamente (salvo se se recorrer a expedientes tais como "primeira pessoa do singular"), e no entanto ele participa de um léxico (o do português, por exemplo); nele, a mensagem "cavalga" o código, é um *shifter*, um *translator*; de todos os signos, é o mais difícil

1. No texto *on*, pronome impessoal da 3ª pessoa. (N. da T.)

de manejar, já que a criança o adquire por último e o afásico o perde em primeiro lugar.

Num segundo grau, que é sempre o da literatura, o escritor, diante de *Eu*, está na mesma situação que a criança ou o afásico, segundo seja romancista ou crítico. Como a criança que diz seu próprio nome falando de si, o romancista designa a si próprio através de uma infinidade de terceiras pessoas; mas essa designação não é de forma alguma um disfarce, uma projeção ou uma distância (a criança não se disfarça, não se sonha nem se afasta); é, pelo contrário, uma operação imediata, realizada de modo aberto, imperioso (nada mais claro que os "nós" de Brichot), e da qual o escritor precisa para falar de si próprio através de uma mensagem normal (e não mais "cavalgando") saída plenamente do código dos outros, de modo que escrever, longe de remeter a uma "expressão" da subjetividade, é, pelo contrário, o próprio ato que converte o símbolo indicial (bastardo) em signo puro. A terceira pessoa não é pois uma artimanha da literatura, é seu ato de instituição prévio a qualquer outro: escrever é decidir-se a dizer *Ele* (e poder fazê-lo). Isto explica que, quando o escritor diz *Eu* (isso acontece frequentemente), esse pronome não tem mais nada a ver com um símbolo indicial, é uma marca sutilmente codificada: esse *Eu* não é nada mais do que um *Ele* em segundo grau, um *Ele* devolvido (como o provaria a análise do *Eu* proustiano). Como o afásico, o crítico, privado de todo pronome, não pode mais pronunciar senão um discurso *truncado*; incapaz (ou desdenhoso) de transformar o *Eu* em signo, não lhe resta mais que fazê-lo calar através de uma espécie de grau zero da pessoa. O *Eu* do crítico nunca está no que ele diz, mas no que ele não diz, ou melhor, no próprio descontínuo que marca todo discurso crítico; talvez sua existência seja forte demais para que ele a constitua em signo, mas inversamente talvez ela seja também por demais verbal, por demais penetrada de cultura, para que ele a deixe em estado de símbolo indicial. O crítico seria aquele que não pode produzir o *Ele* do romance mas que também não pode deixar o *Eu* em sua pura vida privada, isto é, renunciar a escrever: *é* um afásico do *Eu*, enquanto o resto de sua linguagem subsiste, intato, marcado entretanto pelos infinitos desvios que impõe à palavra (como no caso do afásico) o constante bloqueio de certo sinal.

Poder-se-ia mesmo levar mais longe a comparação. Se o romancista, como a criança, decide codificar seu *Eu* sob a forma de uma terceira pessoa, é que esse *Eu* ainda não tem história, ou que se decidiu não lhe dar uma. Todo romance é uma aurora, e é por isso que é, ao que parece, a própria forma do *querer escrever*. Pois assim como, falando de si na terceira pessoa, a criança vive aquele momento frágil em que a linguagem adulta se lhe apresenta como uma instituição perfeita, que nenhum símbolo impuro (meio código, meio mensagem) vem ainda corromper ou inquietar, da mesma forma, é para encontrar os outros que o *Eu* do romancista vem abrigar-se sob o *Ele*, isto é, sob um código pleno, no qual a existência ainda não cavalga o signo. Inversamente, na afasia do crítico com relação ao *Eu*, investe-se uma sombra do passado; seu *Eu* é muito pesado de tempo para que ele possa renunciar a ele e dá-lo ao código pleno de outrem (será preciso lembrar que o romance proustiano só se tornou possível com o *tempo suspenso?*); por não poder abandonar essa face muda do símbolo, é o próprio símbolo, por inteiro, que o crítico "esquece", assim como o afásico que, ele também, não pode destruir sua linguagem senão na medida mesma em que essa linguagem *foi*. Assim, enquanto o romancista é o homem que consegue infantilizar seu *Eu* a ponto de fazê-lo alcançar o código adulto dos outros, o crítico é o homem que envelhece o seu, isto é, o encerra, o preserva e o *esquece*, a ponto de subtraí-lo, intato e incomunicável, ao código da literatura.

O que marca o crítico é pois uma prática *secreta* do indireto: para permanecer secreto, o indireto deve aqui se abrigar sob as próprias figuras do direto, da transitividade, do discurso *sobre outrem*. De onde uma linguagem que não pode ser recebida como ambígua, reticente, alusiva ou denegadora. O crítico é como um lógico que "preenchesse" suas funções de argumentos verídicos e pedisse entretanto, secretamente, que tenham o cuidado de só apreciar a validade de suas equações, não sua verdade, ao mesmo tempo que deseja, por uma última silenciosa artimanha, que essa pura validade funcione como o próprio signo de sua existência.

Existe pois um certo engano ligado por estrutura à obra crítica, mas esse engano não pode ser denunciado na própria linguagem crítica, pois essa denúncia constituiria uma nova forma direta, isto é, uma máscara suplementar; para que o círculo se interrompa, para que o crítico fale de si *com exatidão*, seria preciso que ele se transformasse em romancista, isto é, substituísse o falso direto sob o qual ele se abriga, por um indireto declarado como é o de todas as ficções.

Eis por que, sem dúvida, o romance é sempre o horizonte do crítico: o crítico é *aquele que vai escrever* e que, semelhante ao Narrador proustiano, preenche essa espera com uma obra *de acréscimo*, que se faz ao procurar-se e cuja função é realizar seu projeto de escrever se esquivando. O crítico é um escritor, mas um escritor em liberdade condicional; como o escritor, ele gostaria que se acreditasse menos no que ele escreve do que na decisão que ele tomou de escrever; mas ao contrário do escritor, não pode *assinar* esse desejo: permanece condenado ao erro – à verdade.

LITERATURA E METALINGUAGEM

A lógica nos ensina a distinguir, de modo feliz, a *linguagem-objeto* da *metalinguagem*. A linguagem-objeto é a própria matéria que é submetida à investigação lógica; a metalinguagem é a linguagem forçosamente artificial pela qual se leva adiante essa investigação. Assim – e este é o papel da reflexão lógica – posso exprimir numa linguagem simbólica (metalinguagem) as relações, as estruturas de uma língua real (linguagem-objeto).

Durante séculos nossos escritores não imaginavam que fosse possível considerar a literatura (a própria palavra é recente) como uma linguagem, submetida, como qualquer outra linguagem, à distinção lógica: a literatura nunca refletia sobre si mesma (às vezes sobre suas figuras, mas nunca sobre seu ser), nunca se dividia em objeto ao mesmo tempo olhante e olhado; em suma, ela falava mas não se falava. Mais tarde, provavelmente com os primeiros abalos da boa consciência burguesa, a literatura começou a sentir-se dupla: ao mesmo tempo objeto e olhar sobre esse objeto, fala e fala dessa fala, literatura-objeto e metaliteratura. Eis quais foram, *grosso modo*, as fases desse desenvolvimento: primeiramente uma consciência artesanal da fabricação literária, levada até o escrúpulo doloroso, ao tormento do impossível (Flaubert); depois, a vontade heroica de confundir numa mesma substância escrita a literatura e o pensamento da literatura (Mallarmé); depois, a esperança de chegar a escapar da tautologia literária, deixando sempre, por assim dizer, a literatura para o dia seguinte, declarando longamente que se *vai* escrever, e fazendo dessa declaração a própria literatura (Proust); em seguida, o processo da boa-fé literária multiplicando voluntariamente, sistematicamente, até o infinito, os sentidos da palavra-objeto sem nunca se deter num significado unívoro (surrealismo); inversamente, afinal, rarefazendo esses sentidos a ponto de esperar obter um *estar-ali* da linguagem literária, uma espécie de brancura da escritura (mas não uma inocência): penso aqui na obra de Robbe-Grillet.

Todas essas tentativas permitirão talvez um dia definir nosso século (entendo por isso os últimos cem anos) como o dos: *Que é a Literatura?* (Sartre respondeu do exterior, o que lhe dá uma posição literária ambígua). E, precisamente, como essa interrogação é levada adiante, não do exterior, mas na própria literatura, ou mais exatamente na sua margem extrema, naquela zona assintótica onde a literatura finge destruir-se como linguagem-objeto sem se destruir como metalinguagem, e onde a procura de uma metalinguagem se define em última instância como uma nova linguagem-objeto, daí decorre que nossa literatura é há vinte anos um jogo perigoso com sua própria morte, isto é, um modo de vivê-la: ela é como aquela heroína raciniana que morre de se conhecer mas vive de se procurar (Eriphile em *Iphigénie*). Ora, isso define um estatuto propriamente trágico: nossa sociedade, fechada por enquanto numa espécie de impasse histórico, só permite à sua literatura a pergunta edipiana por excelência: *quem sou eu?* Ela lhe proíbe, pelo mesmo movimento, a pergunta dialética: *que fazer?* A verdade de nossa literatura não é da ordem do fazer, já não é mais da ordem da natureza: ela é uma máscara que se aponta com o dedo.

ESCRITORES E ESCREVENTES

Quem fala? Quem escreve? Falta-nos ainda uma sociologia da palavra. O que sabemos é que a palavra é um poder e que, entre a corporação e a classe social, um grupo de homens se define razoavelmente bem pelo seguinte: ele detém, em diversos graus, a linguagem da nação. Ora, durante muito tempo, provavelmente durante toda a era capitalista clássica, isto é, do século XVI ao XIX, na França, os proprietários incontestáveis da linguagem eram os escritores e somente eles; com exceção dos pregadores e dos juristas, fechados aliás em suas linguagens funcionais, ninguém mais falava; e essa espécie de monopólio da linguagem produzia curiosamente uma ordem rígida, menos dos produtores do que da produção: o que era estruturado não era a profissão literária (ela evoluiu muito durante três séculos, do poeta empregado ao escritor-homem de negócios), era a própria matéria desse discurso literário, submetido a regras de emprego, de gênero e de composição, mais ou menos imutável de Marot a Verlaine, de Montaigne a Gide (foi a língua que mudou, não o discurso). Contrariamente às sociedades ditas primitivas, nas quais só há feitiçaria através do feiticeiro, como mostrou Mauss, a *instituição* literária transcendia de muito às *funções* literárias, e nessa instituição, seu material essencial, a palavra. Institucionalmente a literatura da França é sua linguagem, sistema meio linguístico, meio estético, ao qual nem ao menos faltou uma dimensão mítica, a da *clareza*.

Desde quando, na França, o escritor não é mais o único a falar? Sem dúvida desde a Revolução; vê-se então aparecer (eu me assegurava disso lendo um desses dias um texto de Barnave[1]) homens que se apropriam da língua dos escritores com fins políticos. A instituição permanece no lugar: trata-se sempre dessa grande língua francesa, cujo léxico e eufonia são respeitosamente preservados através da maior sacudida da história da França; mas as funções mudam, o pessoal vai aumentando ao longo do século; os próprios escritores, de Chateaubriand ou Maistre, a Hugo ou a Zola contribuem a alargar a função literária, a fazer dessa palavra institucionalizada da qual são ainda os proprietários reconhecidos, o instrumento de uma nova ação; e ao lado dos escritores propriamente ditos, constitui-se e desenvolve-se um novo grupo, detentor da linguagem pública. Intelectuais? A palavra é de ressonância completa[2]; prefiro chamá-los aqui de *escreventes*. E como estamos talvez hoje naquele momento frágil da história em que as duas funções coexistem, é uma tipologia comparada do escritor e do escrevente que eu gostaria de esboçar, disposto a reter para essa comparação apenas uma referência: a do material que eles têm em comum, a palavra.

O escritor realiza uma função, o escrevente uma atividade, eis o que a gramática já nos ensina ao opor justamente o substantivo de um ao verbo (transitivo) do outro[3]. Não que

---

1. Barnave, *Introduction à la Révolution Française*. Texto apresentado por F. Rude, *Cahiers des Annales*, nº 15, Armand Colin, 1960.
2. Diz-se que, no sentido em que o entendemos hoje, o substantivo *intellectuel* nasceu no momento do caso Dreyfus, aplicado evidentemente pelos adversários de Dreyfus a seus partidários.
3. Na origem, o escritor é aquele que escreve no lugar dos outros. O sentido atual (autor de livros) data do século XVI.

o escritor seja uma pura essência: ele age, mas sua ação é imanente ao objeto, ela se exerce paradoxalmente sobre seu próprio instrumento: a linguagem; o escritor é aquele que *trabalha* sua palavra (mesmo se é inspirado) e se absorve funcionalmente nesse trabalho. A atividade do escritor comporta dois tipos de normas: normas técnicas (de composição, de gênero, de escritura) e normas artesanais (de lavor, de paciência, de correção, de perfeição). O paradoxo é que como o material se torna de certa forma seu próprio fim, a literatura é no fundo uma atividade tautológica, como a daquelas máquinas cibernéticas construídas por elas mesmas (o homeostado de Ashby): o escritor é um homem que absorve radicalmente o *porquê* do mundo num *como escrever*. E o milagre, se se pode dizer, é que essa atividade narcisista não cessa de provocar, ao longo de uma literatura secular, uma interrogação ao mundo: fechando-se no *como escrever*, o escritor acaba por reencontrar a pergunta aberta por excelência: por que o mundo? Qual é o sentido das coisas? Em suma, é no próprio momento em que o trabalho do escritor se torna seu próprio fim que ele reencontra um caráter mediador: o escritor concebe a literatura como fim, o mundo lha devolve como meio; e é nessa *decepção* infinita que o escritor reencontra o mundo, um mundo estranho, aliás, já que a literatura o representa como uma pergunta, nunca, *definitivamente*, como uma resposta.

A palavra não é nem um instrumento, nem um veículo: é uma estrutura, e cada vez mais nos damos conta disso; mas o escritor é o único, por definição, a perder sua própria estrutura e a do mundo na estrutura da palavra. Ora, essa palavra é uma matéria (infinitamente) trabalhada; ela é, de certa forma, uma sobre-palavra, o real lhe serve apenas de pretexto (para o escritor, *escrever é* um verbo intransitivo) ; disso decorre que ela nunca possa explicar o mundo, ou pelo menos, quando ela finge explicá-lo é somente para aumentar sua ambiguidade: a explicação fixada numa *obra* (trabalhada), torna-se imediatamente um produto ambíguo do real, ao qual ela está ligada *com distância*; em suma, a literatura é sempre irrealista, mas é esse mesmo irrealismo que lhe permite frequentemente fazer boas perguntas ao mundo – sem que essas perguntas possam jamais ser diretas:

tendo partido de uma explicação teocrática do mundo, Balzac finalmente não fez outra coisa senão interrogá-lo. Daí decorre o fato de o escritor proibir-se existencialmente dois modos de palavra, qualquer que seja a inteligência ou a sinceridade de sua empresa: primeiramente *a doutrina*, já que ele converte, mesmo à sua revelia, por seu próprio projeto, toda explicação em espetáculo: ele nunca é mais que um indutor de ambiguidade[4]; em seguida, *o testemunho*: já que ele se deu à palavra, o escritor não pode ter uma consciência ingênua: não se pode trabalhar um grito sem que a mensagem se refira finalmente muito mais ao trabalho do que ao grito: identificando-se a uma palavra, o escritor perde todo direito de apreensão da verdade, pois a linguagem é precisamente aquela estrutura cujo próprio fim (pelo menos historicamente, desde o Sofisma), quando ela não é mais rigorosamente transitiva, é de neutralizar o verdadeiro e o falso[5]. Mas o que ele ganha, evidentemente, é o poder de abalar o mundo, dando-lhe o espetáculo vertiginoso de uma *práxis* sem sanção. Eis por que é irrisório pedir a um escritor que *engaje* sua obra: um escritor que "se engaja" pretende jogar simultaneamente com duas estruturas, e não pode fazê-lo sem trapacear, sem recorrer àquele torniquete astucioso que fazia de Mestre Jacques ora cozinheiro, ora cocheiro, mas nunca os dois ao mesmo tempo (inútil voltar uma vez mais a todos os exemplos de grandes escritores desengajados ou "mal" engajados, e de grandes engajados maus escritores). O que se pode pedir ao escritor é que seja responsável; e mesmo assim, é preciso entender: que o escritor seja responsável por suas opiniões é insignificante; que ele assuma mais ou menos inteligentemente as implicações ideológicas de sua obra, mesmo isso é secundário; para o escritor, a verdadeira responsabilidade é a de suportar a literatura como *um*

---

4. Um escritor pode produzir um sistema, mas que nunca será consumado como tal. Considero Fourier um grande escritor, na proporção do espetáculo prodigioso que me dá sua descrição do mundo.

5. Estrutura do real e estrutura da linguagem: nada alerta melhor para a dificuldade da coincidência do que o permanente malogro da dialética, quando ela se torna discurso: pois a linguagem não é dialética: a dialética *falada é* um voto piedoso; a linguagem não pode dizer mais do que: *é preciso* ser dialético, mas não o pode ser ela mesma: a linguagem é uma representação sem perspectiva, exceto, precisamente, a linguagem do escritor; mas o escritor se dialetiza, não dialetiza o mundo.

engajamento fracassado, como um olhar mosaico sobre a Terra Prometida do real (é a responsabilidade de Kafka, por exemplo).

Naturalmente, a literatura não é uma graça, é o corpo dos projetos e das decisões que levam um homem a se realizar (isto é, de certo modo, a se essencializar) somente na palavra: é escritor aquele que quer ser. Naturalmente também, a sociedade, que consome o escritor, transforma o projeto em vocação, o trabalho da linguagem em dom de escrever, e a técnica em arte: é assim que nasceu o mito do *bem-escrever*: o escritor é um sacerdote assalariado, é o guardião, meio respeitável, meio irrisório, do santuário da grande Palavra francesa, uma espécie de Bem nacional, mercadoria sagrada, produzida, ensinada, consumida e exportada no quadro de uma economia sublime de valores. Essa sacralização do trabalho do escritor sobre sua forma tem grandes consequências, que não são formais: ela permite à (boa) sociedade distanciar o conteúdo da própria obra, quando esse conteúdo corre o risco de a perturbar, convertê-lo em puro espetáculo, ao qual ela tem o direito de aplicar um julgamento liberal (isto é, indiferente), neutralizar a revolta das paixões, a subversão das críticas (o que obriga o escritor "engajado" a uma provocação incessante e impotente), em síntese, recuperar o escritor: não há nenhum escritor que não seja um dia digerido pelas instituições literárias, salvo se ele se puser a pique, isto é, salvo se ele cessar de confundir seu ser com o da palavra: eis por que tão poucos escritores renunciam a escrever, pois isso significa literalmente matar-se, morrer para o ser que escolheram; e se esses escritores existem, seu silêncio ressoa como uma conversão inexplicável (Rimbaud)[6].

Os escreventes, por sua vez, são homens "transitivos"; eles colocam um fim (testemunhar, explicar, ensinar) para o qual a palavra é apenas um meio; para eles, a palavra suporta um fazer, ela não o constitui. Eis pois a linguagem reduzida à natureza de um instrumento de comunicação, de um veículo do "pensamento". Mesmo se o escrevente concede alguma atenção

6. São esses dados modernos do problema. Sabe-se que, pelo contrário, os contemporâneos de Racine não se espantaram nada ao vê-lo parar bruscamente de escrever tragédias para tornar-se funcionário real.

à escritura, esse cuidado nunca é ontológico: não é preocupação. O escrevente não exerce nenhuma ação técnica essencial sobre a palavra; dispõe de uma escritura comum a todos os escreventes, uma espécie de *koinè*, na qual se pode, é verdade, distinguir dialetos (por exemplo, marxista, cristão, existencialista), mas muito raramente estilos. Pois o que define o escrevente é que seu projeto de comunicação é *ingênuo*: ele não admite que sua mensagem se volte e se feche sobre si mesma, e que se possa ler nela, de um modo diacrítico, outra coisa além do que ela quer dizer: qual escrevente suportaria que se psicanalisasse sua escritura? Ele considera que sua palavra põe termo a uma ambiguidade do mundo, institui uma explicação irreversível (mesmo se ele admite que ela seja provisória), ou uma informação incontestável (mesmo se ele se considera um modesto ensinante); enquanto para o escritor, como vimos, é exatamente o contrário: ele sabe perfeitamente que sua palavra, intransitiva por escolha e por favor, inaugura uma ambiguidade, mesmo se ela se dá como peremptória, que ela se oferece paradoxalmente como um silêncio monumental a decifrar, que ela não pode ter outra divisa senão as palavras profundas de Jacques Rigaut: *E mesmo quando afirmo, interrogo ainda.*

O escritor tem algo de sacerdote, o escrevente de clérigo; a palavra de um é um ato intransitivo (portanto, de certo modo, um gesto), a palavra do outro é uma atividade. O paradoxo é que a sociedade consome com muito mais reserva uma palavra transitiva do que uma palavra intransitiva: o estatuto do escrevente, mesmo hoje quando os escreventes abundam, é muito mais embaraçoso do que o do escritor. Isto decorre primeiramente de um dado material: a palavra do escritor é uma mercadoria entregue segundo circuitos seculares, ela é o único objeto de uma instituição que existe apenas para ela, a literatura; a palavra do escrevente, ao contrário, não pode ser produzida e consumida senão à sombra de instituições que têm, na origem, uma função bem diversa da de fazer valer a linguagem: a Universidade e, acessoriamente, a Pesquisa, a Política etc. E depois, a palavra do escrevente está em falso de outro modo: pelo fato de não ser (ou não se acreditar) mais do que um simples veículo, sua natureza mercantil é remetida ao projeto do qual ela é instrumento: espera-se que vendam o pensamento, fora de toda arte; ora, o principal atributo mítico do pensamento "puro" (seria melhor dizer "inaplicado") é precisamente o de ser produzido fora do circuito do dinheiro: contrariamente à forma (que custa caro, dizia Valéry), o pensamento não custa nada, mas também ele não se vende, ele se dá generosamente. Isso acusa pelo menos duas novas diferenças entre o escritor e o escrevente. Primeiramente, a produção do escrevente tem sempre um caráter livre, mas também um pouco "insistente": o escrevente propõe à sociedade o que a sociedade nem sempre lhe pede: situada à margem das instituições e das transações, sua palavra aparece paradoxalmente bem mais individual, pelo menos em seus motivos, do que a do escritor: *a função do escrevente é dizer em toda ocasião e sem demora o que ele pensa*[7]; e essa função basta, acredita ele, para justificá-lo; de onde o caráter crítico, urgente, da palavra escrevente: ela parece sempre assinalar um conflito entre o caráter irrepressível do pensamento e a inércia de uma sociedade que reluta em consumir uma mercadoria que nenhuma instituição específica vem normalizar. Vê-se assim, *a contrario* –, e é a segunda diferença – que a função social da palavra literária (a do escritor), é precisamente de *transformar o pensamento* (ou a consciência, ou o grito) *em mercadoria*; a sociedade trava uma espécie de combate vital para apropriar-se, aclimatar, institucionalizar o acaso do pensamento, e é a linguagem, modelo das instituições, que lhe dá os meios: o paradoxo é que aqui uma palavra "provocante" cai sem dificuldade sob o corte da instituição literária: os escândalos da linguagem, de Rimbaud a Ionesco, são rápida e perfeitamente integrados; e um pensamento provocante, na medida em que o queremos imediato (sem mediação), só pode extenuar-se num *no man's land* da forma: nunca há escândalo completo.

Descrevo aqui uma contradição que, de fato, é raramente pura: cada um hoje se move mais ou menos abertamente entre as duas postulações, a do escritor e a do escrevente; a

---

7. Essa função de *manifestação imediata* é exatamente o contrário da do escritor: 1° o escritor faz provisão, publica num ritmo que não é o de sua consciência; 2° ele mediatiza o que pensa através de uma forma laboriosa e "regular"; 3° ele se oferece a uma interrogação livre sobre sua obra, é o contrário de um dogmático.

história, sem dúvida, o quer assim, pois ela nos fez nascer tarde demais para sermos escritores soberbos (de boa consciência) e cedo demais (?) para sermos escreventes escutados. Hoje, cada participante da *intelligentsia* tem em si os dois papéis, encaixando-se mais ou menos bem num ou noutro: os escritores têm bruscamente comportamentos, impaciências de escreventes; os escreventes se alçam por vezes até o teatro da linguagem. *Queremos escrever alguma coisa*, e ao mesmo tempo, *escrevemos* só. Em suma, nossa época daria à luz um tipo bastardo: o escritor-escrevente. Sua função ela mesma só pode ser paradoxal: ele provoca e conjura ao mesmo tempo; formalmente, sua palavra é livre, subtraída à instituição da linguagem literária, e entretanto, fechada nessa mesma liberdade, ela secreta suas próprias regras, sob forma de uma escritura comum; saído do clube dos homens de letras, o escritor-escrevente encontra um outro clube, o da *intelligentsia*. Na escala da sociedade inteira, esse novo agrupamento tem uma função *complementar*: a escritura do intelectual funciona como o signo paradoxal de uma não linguagem, permite à sociedade viver o sonho de uma comunicação sem sistema (sem instituição): escrever sem escrever, comunicar pensamento puro sem que esta comunicação desenvolva nenhuma mensagem parasita, eis o modelo que o escritor-escrevente realiza para a sociedade. É um modelo ao mesmo tempo distante e necessário, com o qual a sociedade brinca um pouco de gato e rato: ela reconhece o escritor-escrevente comprando (um pouco) suas obras, admitindo seu caráter público; e ao mesmo tempo ela o mantém à distância, obrigando-o a tomar apoio sobre instituições anexas que ela controla (a Universidade, por exemplo), acusando-o constantemente de intelectualismo, isto é, miticamente, de esterilidade (censura nunca recebida pelo escritor). Em resumo, de um ponto de vista antropológico, o escritor-escrevente é um excluído integrado por sua própria exclusão, um herdeiro longínquo do Maldito: sua função na sociedade global não está talvez muito longe daquela que Claude

Lévi-Strauss atribui ao Feiticeiro[8]: função de complementaridade, já que o feiticeiro e o intelectual fixam de certo modo uma doença necessária à economia coletiva da saúde. E naturalmente, não é espantoso que tal conflito (tal contrato, se se quiser) se trave no nível da linguagem; pois a linguagem é este paradoxo: a institucionalização da subjetividade.

8. Introdução à obra de Mauss, em Mauss: *Sociologie et Anthropologie*, P. U. F.

A IMAGINAÇÃO DO SIGNO

Todo signo inclui ou implica três relações. Primeiramente uma relação interior, a que une seu significante a seu significado; em seguida, duas relações exteriores: a primeira é virtual, ela une o signo a uma reserva específica de outros signos, da qual o destacamos para inseri-lo no discurso; a segunda é atual, junta o signo aos outros signos do enunciado que o precedem ou lhe sucedem. O primeiro tipo de relação aparece claramente no que se chama geralmente de *símbolo*; por exemplo, a cruz "simboliza" o cristianismo, o muro dos Federados "simboliza" a Comuna, o vermelho "simboliza" a proibição de passar; chamaremos pois essa primeira relação de relação *simbólica*, se bem que a encontremos não só nos símbolos, mas também nos signos (que são, por assim dizer, símbolos puramente convencionais). O segundo plano de relação implica a existência, para cada signo, de uma reserva ou "memória" organizada de formas das quais ele se distingue graças à menor diferença necessária e suficiente para operar uma mudança de sentido; em *lupum*, o elemento – *um* (que é um signo, e mais precisamente um morfema) só revela seu sentido de acusativo na medida em que ele se opõe ao resto (virtual) da declinação (*-us, -i, -o* etc.); o vermelho só significa interdição na medida em que se opõe *sistematicamente* ao verde e ao amarelo (é óbvio que, se não houvesse nenhuma outra cor além do vermelho, o vermelho ainda se oporia à ausência de cor); esse plano de relação é pois o do sistema, às vezes chamado de paradigma; chamaremos pois esse segundo tipo de relação de relação *paradigmática.* Segundo o terceiro plano de relação, o signo não se situa mais com relação a seus "irmãos" (virtuais), mas com relação a seus "vizinhos" (atuais); em *homo homini lupus, lupus* mantém certas relações com *homo* e *homini;* na vestimenta, os elementos de uma roupa são associados segundo certas regras: vestir um suéter e um paletó de couro é criar entre essas duas peças uma associação passageira mas significativa, análoga à que une as palavras de uma frase; esse plano de associação é o plano do sintagma, e chamaremos a terceira relação de relação *sintagmática.*

Ora, parece que quando nos interessamos pelo fenômeno significante (e esse interesse pode vir de horizontes bem diversos), somos irresistivelmente levados a centrar esse interesse sobre uma dessas três relações mais do que sobre as duas outras; ora "vê-se" o signo sob seu aspecto simbólico, ora sob seu aspecto sistemático, ora sob seu aspecto sintagmático; é às vezes por ignorância pura e simples das relações vizinhas: o simbolismo foi por muito tempo cego às relações formais do signo; mas mesmo quando as três relações foram indicadas (em linguística, por exemplo) cada um (ou cada escola) tende a fundar sua análise sobre somente uma das dimensões do signo: existe o transbordamento de *uma* visão sobre o conjunto do fenômeno significante, de sorte que se pode falar, ao que parece, de *consciências* semiológicas diferentes (trata-se, está claro, da consciência do analista, não da do usuário do signo). Ora, por um lado, a escolha de uma relação dominante implica cada vez uma certa ideologia; e por outro lado, dir-se-ia que a cada consciência do signo (simbólica, paradigmática e sintagmática) ou pelo menos quanto à primeira de um lado e às duas últimas do outro, corresponde um certo momento da reflexão, quer individual, quer coletiva: o estruturalismo, em particular, pode ser definido historicamente como a passagem da consciência simbólica à consciência paradigmática; existe uma história dos signos, que é a história de suas "consciências".

A consciência simbólica vê o signo em sua dimensão profunda, poder-se-ia quase dizer: geológica, já que a seus olhos é a superposição do significado e do significante que constitui o símbolo; existe a consciência de uma espécie de relação vertical entre a cruz e o cristianismo: o cristianismo está *sob* a cruz, como uma massa profunda de crenças, de valores e de práticas mais ou menos disciplinadas ao nível de sua forma. A verticalidade da relação traz duas consequências: por um lado, a relação vertical tende a parecer solitária: o símbolo parece manter-se *de pé* no mundo, e mesmo quando se afirma que ele abunda, é sob a forma de uma "floresta", isto é, de uma justaposição anárquica de relações profundas que não se comunicariam, por assim dizer, senão por suas raízes (os significados); e, por outro lado, essa relação vertical aparece forçosamente como uma relação analógica: a forma *se parece* (mais ou menos, mas sempre um pouco) com o conteúdo, como se ela fosse em suma produzida por ele, de modo que a consciência simbólica recobre talvez por vezes um determinismo mal liquidado: existe pois o privilégio maciço da semelhança (mesmo quando se sublinha o caráter inadequado do signo). A consciência simbólica dominou a sociologia dos símbolos e, está claro, uma parte da psicanálise nascente, embora o próprio Freud tenha reconhecido o caráter inexplicável (não analógico) de certos símbolos; é aliás a época em que reina a própria palavra *símbolo*; durante todo esse tempo, o símbolo dispõe de um prestígio mítico, o da "riqueza": o símbolo é rico, eis por que, dizem, não se pode reduzi-lo a um "simples signo" (pode-se hoje duvidar da "simplicidade" do signo): a forma é nele incessantemente transbordada pelo poder e o movimento do conteúdo; é que de fato, para a consciência simbólica, o símbolo é muito menos uma forma (codificada) de comunicação do que um instrumento (afetivo) de participação. A palavra *símbolo* agora envelheceu um pouco; substituem-na de bom grado por *signo* ou *significação*. Esse deslizamento terminológico traduz um certo desmoronamento da consciência simbólica, principalmente no que concerne ao caráter analógico do significante e do significado; essa consciência permanece entretanto típica enquanto o olhar analítico não se interessa (quer as ignore, quer as conteste) pelas relações formais dos signos entre si, pois a consciência simbólica é essencialmente recusa da forma; no signo, é o significado que interessa: o significante nunca é para ela mais do que um determinado.

Desde que se comparam as formas de dois signos, ou, pelo menos, desde que as percebemos de uma maneira algo comparativa, aparece uma certa consciência paradigmática; mesmo no nível do símbolo clássico, que é o menos desligado dos signos, se a ocasião se oferece de perceber a variação de duas formas simbólicas, as outras dimensões do signo se descobrem repentinamente; tal é, por exemplo, o caso da oposição entre *Cruz Vermelha* e *Crescente Vermelho*: por um lado, *Cruz* e *Crescente* cessam de manter uma relação solitária com seu respectivo significado (cristianismo e islamismo), são presos num sintagma estereotipado; e por outro lado, formam entre si um jogo de termos distintivos, cada um dos quais corresponde a um significado diferente: nasceu o paradigma. A consciência paradigmática define pois o sentido, não como o simples encontro de um significante e um significado, mas, segundo a bela expressão de Merleau-Ponty, como uma verdadeira "modulação de coexistência", ela substitui a relação bilateral da consciência simbólica (mesmo se essa relação é multiplicada), por uma relação (pelo menos) quadrilateral, ou mais exatamente, homológica. Foi a consciência paradigmática que permitiu a Claude Lévi-Strauss (entre outros resultados) renovar o problema totêmico: enquanto a consciência simbólica procura em vão os caracteres "plenos" mais ou menos analógicos, que unem um significante (o totem) a um significado (o clã), a consciência paradigmática estabelece uma homologia (a expressão é de Claude Lévi-Strauss) entre a relação de dois totens e a de dois clãs (não se discute aqui a questão de saber se o paradigma é forçosamente binário). Naturalmente, retendo do significado apenas seu papel demonstrativo (ele designa o significante e permite marcar os termos da oposição), a consciência paradigmática tende a esvaziá-lo: mas ela não esvazia por isso a significação. Foi evidentemente a consciência paradigmática que permitiu (ou exprimiu) o extraordinário desenvolvimento da fonologia, ciência dos paradigmas exemplares (*marcado/não marcado*); é ela que, através da obra de Claude Lévi-Strauss, define o limiar estruturalista.

A consciência sintagmática é consciência das relações que unem os signos entre si no nível do próprio discurso, isto é, essencialmente, constrangimentos, tolerâncias e liberdades de associação do signo. Essa consciência marcou os trabalhos linguísticos da escola de Yale, e, fora da linguística, as pesquisas da escola formalista russa, principalmente as de Propp no domínio do conto popular eslavo (por isso se pode admitir que ela esclareça um dia a análise das grandes "narrativas" contemporâneas, da notícia de jornal ao romance popular). Mas não é sem dúvida a única orientação da consciência sintagmática; das três consciências, é indiscutivelmente a que dispensa melhor o significado; é mais uma consciência estrutural do que uma consciência semântica; eis por que, sem dúvida, ela se aproxima mais da prática: é ela que melhor permite imaginar conjuntos operacionais, *dispatchings*, classificações complexas: a consciência paradigmática permitiu a volta fecunda do decimalismo ao binarismo; mas é a consciência sintagmática que permite verdadeiramente conceber os "programas" cibernéticos, assim como permitiu a Propp e a Lévi-Strauss reconstruir as "séries" míticas.

Talvez um dia se possa retomar a descrição dessas consciências semânticas, tentar ligá-las a uma história; talvez um dia se possa fazer a semiologia dos semiólogos, a análise estrutural dos estruturalistas. O que se queria dizer simplesmente aqui é que há provavelmente uma verdadeira imaginação do signo; o signo não é somente o objeto de um conhecimento particular, mas também o objeto de uma *visão*, análoga à das esferas celestes no Sonho de Cipião, ou ainda próxima das representações moleculares de que se servem os químicos; o semiólogo *vê* o signo mover-se no campo da significação, enumera suas valências, traça sua configuração:

o signo é para ele uma ideia sensível. Para as três consciências (ainda passavelmente técnicas) de que acabamos de tratar, é preciso pois supor um alargamento em direção de tipos de imaginação muito mais amplos, que se poderiam reencontrar mobilizados em objetos bem diversos do signo.

A consciência simbólica implica uma imaginação d. profundidade; ela *vive* o mundo como a relação de uma forma superficial e de um *Abgrund* multiforme, maciço, poderoso, e a imagem se coroa com uma dinâmica muito forte: a relação da forma e do conteúdo é constantemente relançada pelo tempo (a história), a superestrutura transbordada pela infraestrutura, sem que se possa jamais agarrar a própria estrutura. A consciência paradigmática, pelo contrário, é uma imaginação formal; ela *vê* o significante ligado, como que de perfil, a alguns significantes virtuais dos quais ele está ao mesmo tempo próximo e distinto; ela não vê mais (ou vê menos) o signo em sua profundidade, ela o vê *em sua perspectiva*; assim a dinâmica que está ligada a essa visão é a de um chamado: o signo é *citado* fora de uma reserva finita, ordenada, e esse chamado é o ato soberano da significação: imaginação de agrimensor, de geômetra, de proprietário do mundo, que aí está à vontade, já que o homem, para significar, só tem de escolher no que lhe é apresentado já estruturado, quer por seu cérebro (na hipótese binarista), quer pela finidade material das formas. A imaginação sintagmática não vê mais (ou vê menos) o signo em sua perspectiva, ela o *prevê* em sua extensão: suas ligações antecedentes ou consequentes, as pontes que ele lança em direção a outros signos; trata-se de uma imaginação "estemática", a da cadeia ou da rede; assim a dinâmica da imagem é aqui a do *arranjo* de partes móveis, substitutivas, cuja combinação produz sentido, ou mais geralmente um objeto novo; trata-se pois de uma imaginação propriamente fabricativa, ou ainda funcional (a palavra é felizmente ambígua já que remete ao mesmo tempo à ideia de uma relação variável e à de um uso).

Tais são (talvez) as três imaginações do signo. Pode-se, sem dúvida, ligar a cada uma delas um certo número de criações diferentes, nas mais variadas ordens, pois nada do que é construído hoje no mundo escapa ao sentido. Para ficar na ordem da criação intelectual (recente), dentre as obras de imaginação profunda (simbólica), poderíamos citar a crítica biográfica ou histórica, a sociologia das "visões", o romance realista ou introspectivo, e, de um modo geral, as artes ou as linguagens "expressivas", postulando um significado soberano, extraído quer de uma interioridade, quer de uma história. A imaginação formal (ou paradigmática) implica uma atenção aguda à variação de alguns elementos recorrentes; ligaremos pois a esse tipo de imaginação o sonho e as narrativas oníricas, as obras fortemente temáticas ou aquelas cuja estética implica o jogo de certas comutações (os romances de Robbe-Grillet, por exemplo). A imaginação funcional (ou sintagmática) alimenta afinal todas as obras cuja fabricação, por arranjo de elementos descontínuos e móveis, constitui o próprio espetáculo: a poesia, o teatro épico, a música serial e as composições estruturais, de Mondrian a Butor.

A ATIVIDADE ESTRUTURALISTA

O que é o estruturalismo? Não é uma escola nem mesmo um movimento (pelo menos por enquanto), pois a maior parte dos autores que se associam geralmente a essa palavra não se sentem de modo algum ligados entre eles por uma solidariedade de doutrina ou de combate. É apenas um léxico: *estrutura* é um termo já antigo (de origem anatomista e gramatical[1]), hoje muito gasto: todas as ciências sociais a ele recorrem abundantemente e o uso da palavra não pode distinguir ninguém, salvo se se polemizar acerca do conteúdo que se lhe dá; *funções, formas, signos* e *significações* não são mais pertinentes; são hoje palavras de emprego comum, às quais se pede e das quais se obtém tudo o que se quiser, principalmente camuflar o velho esquema determinista de causa e produto; é preciso, sem dúvida, chegar a duplas como *significante-significado* e *sincronia-diacronia*, para nos aproximar do que distingue o estruturalismo de outros modos de

1. *Sens et usages du terme Structure*, Mouton & Co., La Haye, 1962.

pensamento; a primeira, porque nos remete ao modelo linguístico, de origem saussuriana, e que ao lado da economia a linguística é, no estado atual das coisas, a própria ciência da estrutura; a segunda, de modo mais decisivo, porque parece implicar uma certa revisão da noção de história, na medida em que a ideia de sincronia (embora em Saussure este seja um conceito sobretudo operatório) acredita uma certa imobilização do tempo, e em que a de diacronia tende a representar o processo histórico como uma pura sucessão de formas; essa última dupla é particularmente distintiva porquanto parece que a principal resistência ao estruturalismo é de origem marxista, e que é em torno da noção de história (e não de estrutura) que ela se trava; de qualquer forma, é provavelmente o recurso sério ao léxico da significação (e não à palavra ela mesma que, paradoxalmente, não é nada distintiva), no qual é preciso ver, em definitivo, o signo falado do estruturalismo: vigiem quem emprega *significante* e *significado*, *sincronia* e *diacronia*, e saberão se a visão estruturalista está constituída.

Isso é válido para a metalinguagem intelectual, que usa explicitamente conceitos metodológicos. Mas, não sendo o estruturalismo nem uma escola nem um movimento, não há razão de o reduzir *a priori*, mesmo de modo problemático, ao pensamento erudito, e é preferível buscar sua descrição mais larga (senão a definição) num outro nível que não o da linguagem reflexiva. Pode-se, com efeito, presumir que existem escritores, pintores, músicos, aos olhos dos quais um certo *exercício* da estrutura (e não mais somente seu pensamento) representa uma experiência distintiva, e que é preciso colocar analistas e criadores sob o signo comum do que se poderia chamar de *homem estrutural*, definido não por suas ideias ou suas linguagens, mas por sua imaginação, ou melhor ainda, seu *imaginário*, isto é, o modo como ele vive mentalmente a estrutura.

Diremos, pois, imediatamente, que com relação a todos os seus usuários o estruturalismo é essencialmente uma *atividade*, isto é, a sucessão articulada de certo número de operações mentais: poderíamos falar de atividade estruturalista como se falou de atividade surrealista (o surrealismo foi talvez, aliás, a primeira experiência de literatura estrutural, será preciso voltar a isso algum dia). Mas, antes de ver quais são essas operações, é preciso dizer uma palavra sobre o seu fim.

O objetivo de toda atividade estruturalista, seja ela reflexiva ou poética, é reconstituir um "objeto", de modo a manifestar nessa reconstituição as regras de funcionamento (as "funções") desse objeto. A estrutura é pois, de fato, um *simulacro* do objeto, mas um simulacro dirigido, interessado, já que o objeto imitado faz aparecer algo que permanecia invisível, ou, se se preferir, ininteligível no objeto natural. O homem estrutural toma o real, decompõe-no, depois o recompõe; é em aparência bem pouca coisa (o que faz com que certas pessoas digam que o trabalho estruturalista é "insignificante, desinteressante, inútil etc."). Entretanto, de outro ponto de vista, essa pouca coisa é decisiva; pois entre os dois objetos, ou os dois tempos da atividade estruturalista, produz-se *algo novo*, e esse algo novo não é nada menos que o inteligível geral: o simulacro é o intelecto acrescentado ao objeto, e essa adição tem um valor antropológico, pelo fato de ela ser o próprio homem, sua história, sua situação, sua liberdade e a própria resistência que a natureza opõe a seu espírito.

Vê-se, pois, por que é necessário falar de atividade estruturalista: a criação ou a reflexão não são aqui "impressão" original do mundo, mas fabricação verdadeira de um mundo que se assemelha ao primeiro, não para copiá-lo mas para o tornar inteligível. Eis por que se pode dizer que o estruturalismo é essencialmente uma atividade de imitação, e é nesse ponto que não há, a bem dizer, nenhuma diferença *técnica* entre o estruturalismo científico erudito de um lado e a literatura em particular, a arte em geral, de outro lado: ambos vêm de uma *mimesis*, fundada não sobre a analogia das substâncias (como na arte dita realista), mas sobre a das funções (que Lévi-Strauss chama de *homologia*). Quando Troubetskoy reconstrói o objeto fonético sob a forma de um sistema de variações, quando Georges Dumézil elabora uma mitologia funcional, quando Propp constrói um conto popular saído por estruturação de todos os contos eslavos que ele decompõe de antemão, quando Claude Lévi-Strauss reencontra o funcionamento homológico do imaginário totêmico, G.-G. Granger, as regras formais do pensamento econômico ou J.-C. Gardin, os traços pertinentes dos bronzes pré-históricos, quando J.-P. Richard decompõe o poema mallarmeano em suas vibrações distintivas, nada mais fazem do que fazem Mondrian, Boulez ou Butor quando arranjam certo objeto, que se chamará precisamente *composição*, através da manifestação regulada de certas unidades e de certas associações dessas unidades. Que o primeiro objeto submetido à atividade de simulacro seja dado pelo mundo de um modo já reunido (no caso da análise estrutural que se exerce sobre uma língua, uma sociedade ou uma obra constituídas) ou ainda de um modo esparso (no caso da "composição" estrutural), que esse objeto primeiro seja tomado no real social ou no real imaginário, isto pouco importa: não é a natureza do objeto copiado que define uma arte (preconceito entretanto tenaz de todos os realismos), é o que o homem lhe acrescenta ao reconstruí-lo: a técnica é o próprio ser de toda criação. É pois na medida em que os fins da atividade estruturalista estão indissoluvelmente ligados a uma certa técnica, que o estruturalismo existe de um modo distintivo com relação a outros modos de análise ou de criação: recompõe-se o objeto *para* fazer aparecer funções, e é, por assim dizer, o caminho que faz a obra; é por isso que se deve falar de atividade, de preferência a obra estruturalista.

A atividade estruturalista comporta duas operações típicas: desmontagem e arranjo. Desmontar o primeiro objeto, o que é dado à atividade de simulacro, é encontrar nele fragmentos móveis cuja situação diferencial gera certo sentido; o fragmento não tem sentido em si, mas é, entretanto, tal que a menor variação trazida a sua configuração produz uma mudança do conjunto; um *quadrado* de Mondrian, uma *série* de Pousseur, um *versículo* do *Mobile* de Butor, o "mitema" em Lévi-Strauss, o fonema para os fonólogos, o "tema" em tal crítico literário, todas essas unidades (quaisquer que sejam sua estrutura íntima e sua extensão, bem diferentes segundo o caso) só têm existência significativa por suas fronteiras: as que as separam das outras unidades atuais do discurso (mas este é um problema de arranjo), e também as que as distinguem de outras unidades virtuais, com as quais elas formam uma certa classe (que os linguistas chamam de *paradigma*); essa noção de paradigma é essencial, ao que parece, para compreender o que é visão estruturalista: o paradigma é uma reserva, tão limitada quanto possível, de objetos (de unidades) fora da qual se chama, por um ato de citação, o objeto ou a unidade que se quer dotar de um sentido atual; o que caracteriza o objeto paradigmático é que ele está, em face de outros objetos de sua classe, numa certa relação de afinidade e de dessemelhança: duas unidades de um mesmo paradigma devem assemelhar-se um pouco *para que* a diferença que os separa tenha a evidência de um raio: é preciso que *s* e *z* tenham ao mesmo tempo um traço comum (a dentalidade) e um traço distintivo (a presença ou a ausência de sonoridade) para que em francês não atribuamos o mesmo sentido a *poisson* e *poison*; é preciso que os quadrados de Mondrian sejam ao mesmo tempo afins por sua forma a quadrados e dessemelhantes pela proporção e pela cor; é preciso que os automóveis americanos (em *Mobile* de Butor) sejam constantemente inspecionados da mesma maneira, mas entretanto que eles difiram cada vez pela marca e pela cor; é preciso que os episódios do mito de Édipo (na análise de Lévi-Strauss) sejam ao mesmo tempo idênticos e variados, para que todos esses discursos e essas obras sejam inteligíveis. A operação de desmontagem produz assim um primeiro estado disperso do simulacro, mas as unidades da estrutura não são de modo algum anárquicas: antes de serem distribuídas e encerradas no contínuo da composição, cada uma forma com sua própria reserva virtual um organismo inteligente, submetido a um princípio motor soberano: o da menor diferença.

Colocadas as unidades, o homem estrutural deve descobrir-lhes ou fixar-lhes regras de associação: é a atividade do arranjo, que sucede à atividade de chamada. A sintaxe das artes e dos discursos é, como se sabe, extremamente variada; mas o que se reencontra em toda obra de projeto estrutural é a submissão a constrangimentos regulares, cujo formalismo, impropriamente incriminado, importa muito menos do que a estabilidade; pois o que está em jogo, nesse segundo estágio da atividade de simulacro, é uma espécie de combate com o acaso; eis por que os constrangimentos de recorrência das unidades têm um valor quase demiúrgico: é pela volta regular das unidades e das associações de unidades que a obra aparece construída, isto é, dotada de sentido; os linguistas chamam essas regras de combinação de *formas*, e haveria grande interesse em conservar esse emprego rigoroso de uma palavra por demais gasta: a forma, como se disse, é o que permite à contiguidade das unidades não aparecer como um puro efeito do acaso: a obra de arte é o que o homem arranca ao acaso. Isso permite talvez compreender, de um lado, por que as obras ditas não figurativas são apesar de tudo, e no mais alto grau, obras, já que o pensamento humano não se inscreve na analogia das cópias e dos modelos, mas na regularidade das agregações; e de outro lado, por que essas mesmas obras aparecem precisamente fortuitas e por isso mesmo inúteis àqueles que não descobrem nenhuma *forma*: diante de um quadro abstrato, Kruschev se enganou certamente ao ver apenas as marcas de uma cauda de asno passada sobre a tela; pelo menos ele sabe, à sua moda, que a arte é uma certa conquista do acaso (ele esquece, simplesmente, que toda regra se aprende, se se quer aplicá-la ou decifrá-la).

O simulacro assim edificado não restitui o mundo tal qual o tomou, e é nisso que o estruturalismo é importante. Primeiramente, ele manifesta uma categoria nova do objeto, que não é nem o real nem o racional, mas o *funcional*, juntando-se assim a todo um complexo científico que se está desenvolvendo em torno das pesquisas sobre a informação. Em seguida, e sobretudo, traz à luz o processo propriamente humano pelo qual os homens dão sentido às coisas. Isso é novo? Numa certa medida, sim; certamente o mundo nunca cessou, em todos os tempos, de procurar o sentido do que lhe é dado e do que ele produz; o que é novo é um pensamento (ou uma "poética") que procura menos atribuir sentidos plenos aos objetos que ela descobre do que saber como o sentido é possível, a que preço e segundo que caminhos. A rigor, poderíamos dizer que o objeto do estruturalismo não é o homem rico de certos sentidos, mas o homem fabricante de sentidos, como se não fosse absolutamente o conteúdo dos sentidos que esgotasse os fins semânticos da humanidade, mas o simples ato pelo qual esses sentidos, variáveis históricas, contingentes, são produzidos. *Homo significans*: tal seria o novo homem da pesquisa estrutural.

No dizer de Hegel[2], o grego antigo se espantava com o *natural* da natureza; ele estava constantemente a escutá-la, interrogando o sentido das fontes, das montanhas, das florestas, das tempestades; sem saber tudo o que esses objetos lhe diziam precisamente, percebia na ordem vegetal ou cósmica um imenso *frémir* do sentido, ao qual deu o nome de um deus: Pã. Desde então a natureza mudou, tornou-se social: tudo o que é dado ao homem é *já* humano, até a floresta e o rio que atravessamos quando viajamos. Mas diante dessa natureza social, que é simplesmente a cultura, o homem estrutural não é diferente do grego antigo: ele também fica à escuta do natural da cultura, percebe nela, incessantemente, menos sentidos estáveis, finitos, "verdadeiros", do que o frêmito de uma imensa máquina que é a humanidade procedendo incansavelmente numa criação do sentido, sem a qual ela deixaria de ser humana. E é porque essa fabricação do sentido é a seus olhos mais essencial do que os próprios sentidos, é porque a função é extensiva às obras, que o estruturalismo se faz ele próprio atividade e associa numa mesma identidade o exercício da obra e a própria obra: uma composição serial ou uma análise de Lévi-Strauss só são objetos porque foram *feitas*; seu ser presente *é* seu ato passado: elas são *tendo-sido-feitas*; o artista, o analista refaz o caminho do sentido, ele não tem que designá-lo: sua função, para retomar o exemplo de Hegel, é uma *manteia*; como antigo adivinho, ele *diz* o lugar do sentido mas não o nomeia. E é porque a literatura, em particular, é uma adivinhação que ela é ao mesmo tempo inteligível e interrogante, falante e silenciosa, engajada no mundo pelo caminho do sentido que com ele refaz, mas liberada dos sentidos contingentes que o mundo elabora: resposta àquilo que a consome e, no entanto, sempre pergunta à natureza, resposta que interroga e pergunta que responde.

Como, pois, o homem estrutural aceitaria a acusação de irrealismo que por vezes lhe é endereçada? As formas não

2. *Leçons sur la philosophie de l'histoire*, Vrin, 1946, p. 212.

estão no mundo, as formas não são responsáveis? O que houve de revolucionário em Brecht seria verdadeiramente o marxismo? Não seria antes a decisão de ligar ao marxismo, no teatro, o lugar de um refletor ou o desgaste de uma vestimenta? O estruturalismo não retira do mundo a história: ele procura ligar à história não somente conteúdos (isto foi feito mil vezes), mas também formas, não somente o material, mas também o inteligível, não somente o ideológico, mas também o estético. E precisamente porque todo pensamento sobre o inteligível histórico é também participação nesse inteligível, pouco importa, sem dúvida, ao homem estrutural o fato de durar: ele sabe que o estruturalismo é também ele uma certa *forma* do mundo, que mudará com o mundo; e do mesmo modo que experimenta sua validade (mas não sua verdade) em seu poder de falar as antigas linguagens do mundo de uma nova maneira, ele sabe também que bastará que surja da história uma nova linguagem que por sua vez o fale, para que sua tarefa esteja terminada.

ESTRUTURA DA NOTÍCIA[1]

Eis um assassinato: se é político, é uma informação; se não o é, é uma notícia. Por quê? Poder-se-ia acreditar que a diferença é aqui a do particular e do geral ou, mais exatamente, a do nomeado e do inominado: a notícia geral (pelo menos a palavra francesa *fait divers* parece indicá-lo) procederia de uma classificação do inclassificável, seria o refugo desorganizado das notícias informes; sua essência seria privativa, só começaria a existir onde o mundo deixa de ser nomeado, submetido a um catálogo conhecido (política, economia, guerras, espetáculos, ciências etc.); numa só palavra, seria uma informação *monstruosa*, análoga a todos os fatos excepcionais ou insignificantes, em suma inomináveis, que se classificam em geral pudicamente sob a rubrica dos *Varia*, tal como o ornitorrinco que deu tanto trabalho ao

---

1. Em francês, *Structure du fait divers*. A expressão *fait divers* não tem correspondente exato em português. Designa a "rubrica sob a qual os jornais publicam os acidentes, os pequenos escândalos etc." (*Petit Larousse*). (N. da T.)

infeliz Linné. Essa definição taxonômica não é evidentemente satisfatória: ela não explica a extraordinária promoção do *fait divers* na imprensa de hoje (aliás começam a chamá-lo mais nobremente de *informação geral*); é preferível pois colocar em pé de igualdade a notícia geral e os outros tipos de informação, e tentar atingir numas e noutras uma diferença de estrutura, e não mais uma diferença de classificação.

Essa diferença aparece imediatamente quando se comparam nossos dois assassinatos: no primeiro (assassinato político), o acontecimento (o crime) remete necessariamente a uma situação extensiva que existe fora dele, antes dele e em torno dele: a "política"; a informação não pode aqui ser entendida imediatamente, ela só pode ser definida em proporção de um conhecimento exterior ao acontecimento, que é o conhecimento político, por mais confuso que ele seja; em suma, o assassinato escapa à notícia comum cada vez que ele é exógeno, vindo de um mundo já conhecido; pode-se dizer então que ele não tem estrutura própria, suficiente, pois ele nunca é mais do que o termo manifesto de uma estrutura implícita que a ele preexiste: não há informação política sem duração, pois a política é uma categoria transtemporal; o mesmo acontece, aliás, com todas as notícias vindas de um horizonte nomeado, de um tempo anterior: elas nunca podem constituir um *fait divers*[2]; literariamente são fragmentos de romances[3], na medida em que todo romance é ele próprio um longo saber do qual o acontecimento que se produz nunca é mais que uma simples variante.

O assassinato político é pois sempre, por definição, uma informação parcial; o *fait divers*, pelo contrário, é uma informação total, ou mais exatamente, *imanente*; ele contém em si todo seu saber: não é preciso conhecer nada do mundo para consumir um *fait divers*; ele não remete formalmente a nada além dele próprio; evidentemente, seu conteúdo não é estranho ao mundo: desastres, assassínios, raptos, agressões,

---

2. Os fatos que pertencem ao que se poderia chamar de "gestos" de estrelas ou de personalidades nunca são *faits divers*, porque implicam, precisamente, uma estrutura de episódios.

3. Em certo sentido, é isso dizer que a política é um romance, isto é, uma narrativa que dura, contanto que se personalizem os atores.

acidentes, roubos esquisitices, tudo isso remete ao homem, a sua história, a sua alienação, a seus fantasmas, a seus sonhos, a seus medos: uma ideologia e uma psicanálise do *fait divers* são possíveis; mas trata-se aí de um mundo cujo conhecimento é apenas intelectual, analítico, elaborado em segundo grau por aquele que fala do *fait divers*, não por aquele que o consome; no nível da leitura, tudo é dado num *fait divers*; suas circunstâncias, suas causas, seu passado, seu desenlace; sem duração e sem contexto, ele constitui um ser imediato, total, que não remete, pelo menos formalmente, a nada de implícito; é nisso que ele se aparenta com a novela e o conto, e não mais com o romance. É sua imanência que define o *fait divers*[4].

Eis pois uma estrutura fechada. Que acontece no interior dessa estrutura? Um exemplo, o menor possível, o dirá talvez. "Acabam de limpar o Palácio da Justiça." Isso é insignificante. "Não o faziam há cem anos." Isso se torna um *fait divers*. Por quê? Pouco importa a anedota (não se poderia encontrar menor do que esta); dois termos são postos, que apelam fatalmente para uma certa relação, e é a problemática dessa relação que vai constituir o *fait divers*; a limpeza do Palácio da Justiça, de um lado, sua raridade, de outro, são como os dois termos de uma função: é essa função que é viva, é ela que é regular, portanto inteligível; pode-se presumir que não há nenhum *fait divers* simples, constituído por uma só notação: o simples não é notável; quaisquer que sejam a densidade do conteúdo, sua surpresa, seu horror ou sua pobreza, o *fait divers* só começa onde a informação se desdobra e comporta por isso mesmo a certeza de uma relação; a brevidade do enunciado ou a importância da notícia, aliás garantias de unidade, nunca podem apagar o caráter articulado do *fait divers*: "cinco mil mortos no Peru"? O horror é global, a frase é simples; entretanto, o notável, aqui, é já a relação da morte com um número. Sem dúvida uma estrutura é sempre articulada; mas aqui a articulação é interior à narrativa imediata,

---

4. Certos *faits divers* se desenvolvem por vários dias: isso não rompe sua imanência constitutiva, pois eles implicam sempre uma memória extremamente curta.

enquanto na informação política, por exemplo, ela é transportada para fora do enunciado, num contexto implícito.

Assim, todo *fait divers* comporta pelo menos dois termos, ou, se se preferir, duas notações. E pode-se muito bem levar adiante uma primeira análise do *fait divers* sem se referir à forma e ao conteúdo desses dois termos: a sua forma, porque a fraseologia da narrativa é estranha à estrutura do fato contado, ou, para ser mais preciso, porque essa estrutura não coincide fatalmente com a estrutura da língua, se bem que só a possamos atingir através da língua do jornal; a seu conteúdo, porque o importante não são os próprios termos, o modo contingente como são saturados (por um crime, um incêndio, um roubo etc.) mas a relação que os une. É essa relação que se deve interrogar primeiro, se se quer apanhar a estrutura do *fait divers*, isto é, seu sentido humano.

Parece que todas as relações imanentes ao *fait divers* podem ser reduzidas a dois tipos. O primeiro é a relação de causalidade. É uma relação extremamente frequente: um delito e seu móvel, um acidente e sua circunstância, e existem, está claro, desse ponto de vista, poderosos estereótipos: drama passional, crime por dinheiro etc. Mas em todos os casos em que a causalidade é de certa forma normal, esperada, a ênfase não é posta sobre a própria relação, embora ela continue formando a estrutura da narrativa; ela se desloca para o que se poderia chamar de *dramatis personae* (criança, velho, mãe etc.), espécies de essências emocionais encarregadas de vivificar o estereótipo[5]. Cada vez pois que se quer ver funcionar a nu a causalidade do *fait divers*, é uma causalidade ligeiramente aberrante que se encontra. Por outras palavras, os casos puros "e exemplares" são constituídos pelas perturbações da causalidade, como se o espetáculo (a "notabilidade", deveríamos dizer) começasse ali onde a causalidade, sem deixar de ser afirmada, contém já um germe de degradação; como se a causalidade não pudesse ser

---

5. Além disso, cada vez mais, nos *faits divers* estereotipados (o crime passional, por exemplo), a narrativa põe em relevo as circunstâncias aberrantes ("Morta por uma gargalhada: seu marido estava atrás da porta; quando ele a ouviu, desceu ao porão e pegou seu revólver...").

consumida senão quando começa a apodrecer, a desfazer-se. Não há *fait divers* sem *espanto* (escrever é espantar-se); ora, relacionado a uma causa, o espanto implica sempre uma perturbação, já que em nossa civilização todo *alhures* da causa parece situar-se mais ou menos declaradamente à margem da natureza, ou pelo menos do *natural*. Quais são pois essas perturbações da causalidade, sobre as quais se articula o *fait divers?*

É primeiramente, está claro, o fato cuja causa não se pode dizer imediatamente. Será preciso um dia fazer o levantamento do *inexplicável* contemporâneo, tal qual ele é representado não pela ciência mas pelo senso comum; parece que, em matéria de *fait divers*, o inexplicável está reduzido a duas categorias de fatos: os prodígios e os crimes. O que se chamava antigamente de prodígio, e que teria sem dúvida ocupado todo o espaço do *fait divers*, se a imprensa popular existisse então, tem sempre o céu por espaço, mas, nos últimos anos, dir-se-ia que não há mais do que uma espécie de prodígio: os discos voadores; se bem que um relatório recente do exército americano tenha identificado sob forma de objetos naturais (aviões, balões, pássaros) todos os discos voadores localizados, o objeto continua a ter uma vida mítica: assimilam-no a um veículo planetário, geralmente enviado pelos marcianos: a causalidade é assim recuada no espaço, não é abolida; aliás, o tema marciano foi consideravelmente abafado pelos voos reais no cosmo: não é mais preciso ser marciano para vir à camada terrestre, já que Gagárin, Titov e Glenn saem dela: todo um sobrenatural desaparece. Quanto ao crime misterioso, conhece-se sua fortuna no romance popular; sua relação fundamental é constituída por uma causalidade diferida: o trabalho policial consiste em preencher de trás para diante o tempo fascinante e insuportável que separa o acontecimento de sua causa; o policial, emanação da sociedade inteira sob sua forma burocrática, torna-se então a figura moderna do antigo decifrador de enigmas (Édipo), que faz cessar o terrível *porquê* das coisas; sua atividade, paciente, obstinada, é o símbolo de um desejo profundo: o homem tapa febrilmente a brecha causal, empenha-se em fazer cessar uma frustração e uma angústia. Na imprensa, sem dúvida, os crimes misteriosos são raros, o policial é pouco personalizado, o enigma lógico afogado no patético dos atores; por outro lado, a ignorância real da causa obriga aqui o *fait divers* a estender-se sobre vários dias, a perder seu caráter efêmero, tão conforme à sua natureza imanente; eis por que no *fait divers*, contrariamente ao romance, um crime sem causa é mais inexplicado do que explicável: o "atraso" causal não exaspera nele o crime, mas o desfaz: um crime sem causa é um crime que se esquece: o *fait divers* desaparece então, precisamente porque, na realidade, sua relação fundamental se extenua.

Naturalmente, já que aqui é a causalidade perturbada que é a mais notável, o *fait divers* é rico de desvios causais: em virtude de certos estereótipos, espera-se uma causa, e é outra que aparece: "uma mulher esfaqueia seu amante": crime passional? Não, "eles não se entendiam bem em matéria de política". "Uma empregada rapta o bebê de seus patrões": para obter um resgate? Não, "porque ela adorava a criança". "Um assaltante ataca mulheres solitárias": sádico? Não, "simples ladrão de bolsas". Em todos esses exemplos, vê-se bem que a causalidade revelada é de certa forma mais pobre do que a causa esperada; o crime passional, a chantagem, a agressão sádica têm um longo passado, são fatos pesados de emoção, com relação aos quais a divergência política, o excesso de afeição ou o simples roubo são móveis irrisórios; existe, com efeito, nesse gênero de relação causal, o espetáculo de uma decepção; paradoxalmente, a causalidade é tanto mais notável quanto mais é decepcionada.

Carência ou desvio da causa, é preciso acrescentar a essas perturbações privilegiadas o que se poderia chamar de surpresas do número (ou, mais largamente, da quantidade). Ainda aqui, no mais das vezes, reencontramos aquela causalidade decepcionada que é para o *fait divers* um espetáculo espantoso. "Um trem descarrila no Alasca: um veado bloqueara o controle das linhas." "Um inglês se engaja na Legião Estrangeira: não queria passar o Natal com sua sogra." "Uma estudante americana tem de abandonar seus estudos: a medida de seu busto (104 cm) provoca banzés." Todos esses exemplos ilustram a regra: pequenas causas, grandes efeitos. Mas o *fait divers* não vê absolutamente nessas desproporções um convite a filosofar sobre a vaidade das coisas ou a pusilanimidade dos homens; ele não diz, como Valéry: quanta gente morre num acidente por não ter querido largar seu guarda-chuva; diz antes, e de um modo afinal muito mais intelectualista: a relação causal é uma coisa estranha; o volume fraco de uma causa não amortece de modo algum a amplidão de seu efeito; o *pouco* iguala o *muito*; e por isso mesmo, essa causalidade de certa forma desregulada pode estar em toda parte: ela não é constituída por uma força quantitativa acumulada, mas antes por uma energia móvel, ativa em dose muito fraca.

É preciso incluir nesses circuitos de irrisão todos os acontecimentos importantes tributários de um objeto prosaico, humilde, familiar: "*gangster* posto a correr por um atiçador", "assassino identificado por um alicate de ciclista", "velho estrangulado pelo cordão de seu aparelho acústico". Essa figura é bem conhecida do romance policial, guloso por natureza do que se poderia chamar de milagre do índice: é o índice mais discreto que finalmente abre o mistério. Dois temas ideológicos são aqui implicados: por um lado, o poder infinito dos signos, o sentimento pânico de que os signos estão em toda parte, que tudo pode ser signo; e, por outro lado, a responsabilidade dos objetos, tão ativos, no fim de contas, quanto as pessoas: existe uma falsa inocência do objeto; o objeto se abriga por detrás de sua inércia de coisa, mas é em realidade para melhor emitir uma força causal, e não se sabe bem se ela vem dele mesmo ou de outra parte.

Todos esses paradoxos da causalidade têm um duplo sentido; por um lado, a ideia de causalidade sai deles reforçada, já que se constata que a causa está em toda parte: com isso, o *fait divers* nos diz que o homem está sempre ligado a outra coisa, que a natureza é cheia de ecos, de relações e de movimentos; mas, por outro lado, essa mesma causalidade é constantemente minada por forças que lhe escapam; perturbada sem entretanto desaparecer, ela fica de certo modo suspensa entre o racional e o desconhecido, oferecida a um *espanto* fundamental; distante de seu efeito (e é isto, no *fait divers* a própria essência do *notável*), a causa aparece fatalmente penetrada por uma força estranha: o acaso; no *fait divers*, toda causalidade é suspeita de acaso.

Encontramos aqui o segundo tipo de relação que pode articular a estrutura do *fait divers*: a relação de coincidência. É primeiramente a repetição de um acontecimento, por mais anódino que seja, que o designa para a notação de coincidência: "uma mesma joalheria foi assaltada três vezes"; "uma hoteleira ganha todas as vezes na loteria" etc.: por quê? A repetição leva sempre, com efeito, a imaginar uma causa desconhecida, tanto é verdadeiro que na consciência popular o aleatório é sempre distributivo, nunca repetitivo: o acaso deve *variar* os acontecimentos; se ele os repete, é que quer significar qualquer coisa através deles: repetir é significar, essa crença[6] está na origem de todas as antigas mânticas; hoje, é claro, a repetição não chama abertamente uma interpretação sobrenatural; entretanto, mesmo relegada à categoria de "curiosidade", não é possível que a repetição seja notada sem que se tenha a ideia de que ela detém um certo sentido, mesmo se esse sentido permanece suspenso: o "curioso" não pode ser uma noção *opaca* e por assim dizer inocente (salvo para uma consciência absurda, o que não é o caso da consciência popular): ele institucionaliza fatalmente uma interrogação.

Outra relação de coincidência: a que aproxima dois termos (dois conteúdos) qualitativamente distantes: "uma mulher põe em fuga quatro *gangsters*", "um juiz desaparece em Pigalle", "pescadores islandeses pescam uma vaca" etc.; existe uma espécie de distância lógica entre a fraqueza da mulher e o número dos *gangsters*, a magistratura e Pigalle, a pesca e a vaca, e o *fait divers* se põe de repente a suprimir essa distância. Em termos de lógica, poder-se-ia dizer que cada termo, pertencendo em princípio a um percurso autônomo de significação, a relação de coincidência tem por função paradoxal fundir dois percursos diferentes em um único percurso, como se bruscamente a magistratura e a "pigallidade" se encontrassem no mesmo domínio.

E como a distância original dos percursos é espontaneamente sentida como uma relação de contrariedade, aproximamo-nos

---

6. Crença obscuramente conforme à natureza formal dos sistemas de significação, já que o uso de um código implica sempre a repetição de um número limitado de signos.

aqui de uma figura de retórica fundamental no discurso de nossa civilização: a antítese[7]. A coincidência é, com efeito, tanto mais espetacular porque *revira* certos estereótipos de situação: "em Little Rock, o chefe de polícia mata sua mulher". "Assaltantes surpreendidos e assustados por outro assaltante." "Ladrões soltam um cão policial contra o guarda-noturno" etc. A relação torna-se aqui vetorizada, ela se penetra de inteligência: *não só* há um assassino, *mas ainda* este assassino é o chefe de polícia: a causalidade é revirada em virtude de um desenho exatamente simétrico. Esse movimento era bem conhecido na tragédia clássica, onde tinha mesmo um nome: era o *cúmulo*:

> *Je n'ai donc traversé tant de mers, tant d'États,*
> *Que pour venir si loin préparer son trépas.*[8]

diz Oreste falando de Hermione. Os exemplos são inúmeros: é precisamente quando Agamênon condena sua filha que ele louva suas bondades; é precisamente quando Amã acredita estar no topo da fortuna que ele está arruinado; é precisamente quando acaba de alugar sua casinha como renda vitalícia que a septuagenária é estrangulada; é precisamente o cofre-forte de uma fábrica de maçaricos que os assaltantes se põem a furar; é precisamente quando são chamados à audiência de conciliação que o marido mata a mulher: a lista dos cúmulos é interminável[9].

Que significa essa predileção? O cúmulo é a expressão de uma situação de azar. Entretanto, assim como a repetição limita, de certa forma, a natureza anárquica – ou inocente – do aleatório, assim a sorte e o azar não são acasos neutros,

---

7. As figuras de retórica sempre foram tratadas com grande desprezo pelos historiadores da literatura ou da linguagem, como se se tratasse de jogos gratuitos da palavra; opõe-se sempre a expressão "viva" à expressão retórica. Entretanto, a retórica pode constituir um testemunho capital de civilização, pois ela representa uma certa configuração mental do mundo, isto é, finalmente, uma ideologia.

8. "Então atravessei tantos mares, tantos Estados, somente para vir tão longe preparar sua morte". (N. da T.)

9. O francês é inábil para exprimir o cúmulo: necessita de uma perífrase: *é precisamente quando... que*; o latim, pelo contrário, dispunha de um correlativo muito forte, e aliás de emprego sobretudo arcaico: *cum... tum.*

chamam invencivelmente uma certa significação – e logo que um acaso significa, não é mais um acaso; o cúmulo tem precisamente por função operar uma conversão do acaso em signo, pois a exatidão de uma reviravolta não pode ser pensada fora de uma Inteligência que a realiza; miticamente, a Natureza (a Vida) não é uma força exata; em toda parte onde uma simetria se manifesta (e o cúmulo é a própria figura da simetria), foi necessária uma mão para guiá-la: existe confusão mítica do *desenho* e do *desígnio*.

Assim, cada vez que ela aparece solitariamente, sem se embaraçar com valores patéticos, que dependem em geral do papel arquetípico das personagens, a relação de coincidência implica uma certa ideia do Destino. Toda coincidência é um signo ao mesmo tempo indecifrável e inteligente: é com efeito por uma espécie de transferência, cujo interesse é por demais evidente, que os homens acusam o Destino de ser cego: o Destino é, pelo contrário, malicioso, constrói signos, e são os homens que são cegos, incapazes de o decifrar. Que assaltantes furem o cofre-forte de uma fábrica de maçaricos, essa notação só pode, afinal, pertencer à categoria dos signos, pois o sentido (senão seu conteúdo, pelo menos sua ideia) surge fatalmente da conjunção de dois contrários: antítese ou paradoxo, toda contrariedade pertence a um mundo deliberadamente construído: um deus ronda por detrás do *fait divers*.

Essa fatalidade inteligente – mas ininteligível – anima somente a relação de coincidência? De modo algum. Viu-se que a causalidade explícita do *fait divers* era afinal uma causalidade arranjada, pelo menos suspeita, duvidosa, irrisória, já que de certo modo o efeito aí decepciona a causa; poder-se-ia dizer que a causalidade do *fait divers* é constantemente submetida à tentação da coincidência, e que, inversamente, a coincidência é constantemente fascinada pela ordem da causalidade. Causalidade aleatória, coincidência ordenada, é na junção desses dois movimentos que se constitui o *fait divers*: ambos acabam com efeito por recobrir uma zona ambígua *onde o acontecimento é plenamente vivido como um signo cujo conteúdo é no entanto incerto*. Estamos aqui, se se quiser, não num mundo do sentido, mas num mundo da significação[10]; esse estatuto é provavelmente o da literatura, ordem formal na qual o sentido é ao mesmo tempo posto e desiludido; é verdade que o *fait divers* é literatura, mesmo se essa literatura é considerada má.

Trata-se portanto, provavelmente, de um fenômeno geral que transborda, e muito, da categoria do *fait divers*. Mas, no *fait divers*, a dialética do sentido e da significação tem uma função histórica bem mais clara do que na literatura, porque o *fait divers* é uma arte de massa: seu papel é, ao que parece, preservar no seio da sociedade contemporânea a ambiguidade do racional e do irracional, do inteligível e do insondável; e essa ambiguidade é historicamente necessária, na medida em que o homem precisa ainda de signos (o que o tranquiliza), mas também na medida em que esses signos são de conteúdo incerto (o que o irresponsabiliza): ele pode assim apoiar-se, através do *fait divers*, sobre uma certa cultura; mas, ao mesmo tempo, pode encher *in extremis* essa cultura de natureza, já que o sentido que ele dá à concomitância dos fatos escapa ao artifício cultural, permanecendo mudo.

---

10. Entendo por *sentido* o conteúdo (o significado) de um sistema significante, e por *significação* o processo sistemático que une um sentido e uma forma, um significante e um significado.

A LITERATURA HOJE

I. *Pode dizer-nos quais são, atualmente, suas preocupações e em que medida elas se ligam à literatura[1]?*

Sempre me interessei pelo que se poderia chamar de responsabilidade das formas. Mas foi somente no fim de *Mythologies* que pensei na necessidade de colocar esse problema em termos de significação e, desde então, a significação é explicitamente minha preocupação essencial. A significação, isto é: a união do que significa e do que é significado; quer dizer ainda: nem as formas, nem os conteúdos, mas o processo que vai de uns aos outros. Por outras palavras: desde o posfácio de *Mythologies*, as ideias, os temas me interessam menos do que o modo como a sociedade se apodera deles para transformá-los na substância de um certo número de sistemas significantes. Isto não quer dizer que esta substância é indiferente; isto quer dizer que não se pode

1. Resposta a um questionário elaborado pela revista *Tel Quel*.

69

aprisioná-la, manejá-la, julgá-la, fazer dela a matéria de explicações filosóficas, sociológicas ou políticas sem ter antes descrito e compreendido o sistema de significação do qual ela é apenas um termo: e como esse sistema é formal, achei-me engajado numa série de análises estruturais, que visam todas a definir um certo número de "linguagens" extralinguísticas: tantas "linguagens", a bem dizer, quantos objetos culturais (qualquer que seja sua origem real) que a sociedade dotou de um poder de significação: por exemplo, a alimentação serve para ser comida; mas serve também para *significar* (condições, circunstâncias, gostos); a alimentação é portanto um sistema significante e um dia será preciso descrevê-la como tal. Como sistemas significantes (tirante a língua propriamente dita), podemos citar: a alimentação, a vestimenta, as imagens, o cinema, a moda, a literatura.

Naturalmente, esses sistemas não têm a mesma estrutura. Pode-se prever que os sistemas mais interessantes, ou os mais complicados, são aqueles que derivam de sistemas eles próprios já significantes: é, por exemplo, o caso da literatura, que deriva do sistema significante por excelência, a língua. É também o caso da moda, pelo menos tal como ela é *falada* pela revista de modas; eis por que, sem atacar diretamente a literatura, sistema temível de tal forma rico de valores históricos, empreendi recentemente a descrição do sistema de significação constituído pela vestimenta feminina de moda tal como ela é *descrita* nas revistas especializadas[2]. Essa palavra *descrição* diz de modo suficiente que, ao me instalar na moda, já estava na literatura; em síntese, a moda escrita é apenas uma literatura particular, entretanto exemplar, já que *descrevendo* uma vestimenta ela lhe confere um sentido (de meda) que não é o sentido literal da frase: não é esta a própria definição da literatura? A analogia vai mais longe: moda e literatura são talvez o que chamarei de sistemas homeostáticos, isto é, sistemas cuja função não é comunicar um significado objetivo, exterior e preexistente ao sistema, mas criar somente um equilíbrio de funcionamento, uma significação em movimento: pois a moda nada mais é do que aquilo que

2. *Système de la Mode*, Editions du Seuil, 1967.

se diz dela, e o sentido segundo de um texto literário é talvez evanescente, "vazio", embora esse texto não cesse de funcionar como o significante desse sentido vazio. A moda e a literatura significam fortemente, sutilmente, com todos os rodeios de uma arte extrema, mas, se se quiser, elas significam "nada", seu ser está na significação, não em seus significados.

Se é verdade que moda e literatura são sistemas significantes cujo significado é por princípio desiludido, isto obriga fatalmente a rever as ideias que se poderia ter sobre a história da moda (mas felizmente ninguém cuidou disso) e que se teve efetivamente sobre a história da literatura. Ambas são como a nave de Argos: as peças, as substâncias, as matérias do objeto mudam, de tal forma que o objeto é periodicamente novo, e entretanto o nome, isto é, o ser desse objeto permanece sempre o mesmo; trata-se pois mais de sistemas do que de objetos: seu ser está na forma, não no conteúdo ou na função; existe, por conseguinte, uma história formal desses sistemas, que esgota talvez muito mais do que se pensa sua história total, na medida em que essa história é complicada, anulada ou simplesmente dominada por um devir endógeno das formas; isto é evidente para a moda, onde a rotação das formas é regular, quer anual ao nível de uma microdiacronia, quer secular ao nível da longa duração (vejam-se os trabalhos muito preciosos de Kroeber e Richardson); para a literatura, o problema é evidentemente muito mais complexo, na medida em que a literatura é consumida por uma sociedade mais larga, mais integrada do que a sociedade de moda; na medida sobretudo em que a literatura, purificada do mito da *futilidade* próprio à moda, é considerada como a encarnação de uma certa *consciência* de toda a sociedade, e passa assim por um valor, se se pode dizer, historicamente natural. De fato, a história da literatura como sistema significante nunca foi feita; durante muito tempo fez-se a história dos *gêneros* (o que tem pouca relação com a história das formas significantes) e é essa forma que prevalece ainda nos manuais escolares e, mais estritamente ainda, em nossos quadros de literatura contemporânea; depois, sob a influência quer de Taine, quer de Marx, empreendeu-se aqui e ali uma história dos *significados* literários; a empresa mais notável nesse plano foi sem dúvida a de Goldmann: Goldmann foi muito longe, já que tentou ligar uma forma (a tragédia) a um conteúdo (a visão de uma classe política); mas a meu ver a explicação é incompleta na medida em que a própria ligação, isto é, em suma, a significação, não é pensada: entre dois termos, um histórico e outro literário, postula-se uma relação *analógica* (a decepção trágica de Pascal e Racine *reproduz* como uma cópia a decepção política da ala direitista do jansenismo), de modo que a *significação* que Goldmann arvora com muita intuição continua sendo, a meu ver, um determinismo disfarçado. O que seria preciso (mas é com certeza apressado dizê-lo) é, não retraçar a história dos significados literários, mas a história das significações, isto é, em síntese, a história das técnicas semânticas graças às quais a literatura impõe um sentido (mesmo que "vazio") ao que ela diz; em suma, seria preciso ter a coragem de entrar na "cozinha do sentido".

II. *Você escreveu: "Cada escritor que nasce abre em si o processo da literatura".*

Esse incessante, esse necessário questionamento não corre o risco de exercer futuramente uma influência temível sobre certos escritores, para os quais o "questionamento" não seria mais do que um novo "ritual" literário, portanto sem alcance real?

Não acha, por outro lado, que a noção de um "malogro" necessário ao "êxito" profundo de uma obra esteja, da mesma forma, se tornando muito frequentemente deliberado?

Existem duas espécies de malogro: o malogro histórico de uma literatura que não pode responder às perguntas do mundo sem alterar o caráter decepcionante do sistema significante que constitui, entretanto, sua forma mais adulta: a literatura, hoje, está reduzida a fazer perguntas ao mundo, enquanto o mundo, alienado, tem necessidade de respostas; e o malogro mundano da obra diante de um público que a recusa. O primeiro malogro pode ser vivido por cada autor, se ele for lúcido, como o malogro existencial de seu próprio projeto de escrever; nada há a dizer sobre ele, não se pode submetê-lo a uma moral, ainda menos a uma simples higiene: que dizer a uma consciência

72

infeliz e que tem, historicamente, razão de o ser? Esse malogro pertence àquela "doutrina interior que nunca se deve comunicar" (Stendhal). Quanto ao malogro mundano, ele só pode interessar (afora o próprio autor, está claro!) aos sociólogos e historiadores, que se esforçarão por ler a recusa do público como uma atitude social ou histórica; pode-se notar que, desse ponto de vista, nossa sociedade recusa pouquíssimas obras e que a "aculturação" das obras malditas (aliás raras), não conformistas ou ascéticas, em suma, daquilo que se poderia chamar de vanguarda, é particularmente rápida; não se vê em parte alguma essa cultura do malogro de que você fala: nem no público, nem na edição (é claro), nem nos jovens autores, que parecem, em sua maioria, muito seguros do que fazem; talvez, aliás, o sentimento da literatura como malogro só possa vir àqueles que lhe são exteriores.

III. *Em* Le degré zéro de l'écriture *e no fim de* Mythologies[3], *você diz que é preciso buscar "uma reconciliação do real e dos homens, da descrição e da explicação, do objeto e do saber". Essa reconciliação ligar-se-ia à posição dos surrealistas, para os quais a "fratura" entre o mundo e o espírito humano não é incurável?*

Como você conciliaria essa opinião com sua apologia do "engajamento fracassado" (kafkiano) do escritor?

Poderia precisar essa última noção?

Para o Surrealismo, a despeito das tentações políticas do movimento, a coincidência do real e do espírito humano era possível *imediatamente*, isto é, fora de toda mediação, mesmo que revolucionária (e poderíamos mesmo definir o Surrealismo como uma técnica de imediação). Mas desde o momento em que se pensa que a sociedade não pode desalienar-se fora de um processo político ou, mais largamente, histórico, essa mesma coincidência (ou reconciliação), sem deixar de ser crível, passa para o plano da utopia; existe pois, desde então, uma visão utópica (e mediata) e uma visão realista (e imediata) da literatura; essas duas visões não são contraditórias, mas complementares.

3. Editions du Seuil, 1953 e 1957.

Naturalmente, a visão realista e imediata, dizendo respeito a uma realidade alienada, não pode ser de modo algum uma "apologia": numa sociedade alienada, a literatura é alienada: não há pois nenhuma literatura real (nem mesmo a de Kafka) da qual se possa fazer a "apologia": não é a literatura que vai libertar o mundo. Entretanto, nesse estado reduzido em que a história nos coloca hoje, existem várias maneiras de fazer literatura: existe uma escolha possível, e por conseguinte existe, senão uma moral, pelo menos uma responsabilidade do escritor. Pode-se fazer da literatura um valor *assertivo*, quer na repleção, harmonizando-a com os valores conservadores da sociedade, quer na tensão, fazendo dela o instrumento de um combate de libertação; ao inverso, pode-se conceder à literatura um valor essencialmente *interrogativo*; a literatura se torna então o signo (e talvez o único signo possível) dessa opacidade histórica na qual vivemos subjetivamente; admiravelmente servido por aquele sistema decepcionante que, a meu ver, constitui a literatura, o escritor pode então *ao mesmo tempo* engajar profundamente sua obra no mundo, nas perguntas do mundo, mas suspender esse engajamento precisamente ali onde as doutrinas, os partidos, os grupos e as culturas lhe sopram uma resposta. A interrogação da literatura é então, num único e mesmo movimento, ínfima (com relação às necessidades do mundo) e essencial (já que é essa interrogação que a constitui). Essa interrogação não é: *qual é o sentido do mundo?* nem mesmo, talvez: *o mundo tem um sentido?* mas somente: *eis o mundo: existe sentido nele?* A literatura é então verdade, mas a verdade da literatura é ao mesmo tempo a própria impotência de responder às perguntas que o mundo se faz sobre suas infelicidades, e o poder de fazer perguntas reais, perguntas totais, cuja resposta não esteja pressuposta, de um modo ou de outro, na própria forma da pergunta: empresa que nenhuma filosofia, talvez, tenha conseguido levar a bom termo, e que pertenceria pois, verdadeiramente, à literatura.

IV. *Que acha do campo de experiência literária que poderia ser hoje uma revista como a nossa?*

A noção de um "acabamento" (entretanto aberto: não se trata, com efeito, de "escrever bem") de ordem estética, parece-lhe ou não a única exigência que possa justificar essa experiência?

Que conselhos gostaria de nos dar?

Compreendo o projeto de vocês: vocês se encontraram por um lado diante das revistas literárias, mas cuja literatura era a de seus avós, e por outro lado diante das revistas polígrafas, cada vez mais indiferentes à literatura; vocês se sentiram insatisfeitos, quiseram reagir ao mesmo tempo contra uma certa literatura e contra um certo desprezo da literatura. Entretanto, o objeto que vocês produzem é, a meu ver, paradoxal, e eis por que: fazer uma revista, mesmo literária, é um ato inteiramente social: é decidir que se vai, de certa forma, institucionalizar a atualidade. Ora, a literatura, sendo apenas forma, não fornece nenhuma atualidade (a menos que se substancializem suas formas e se faça da literatura um mundo suficiente); é o mundo que é atual, não a literatura: a literatura é apenas uma luz indireta. Pode-se fazer uma revista com o indireto? Não o creio: se vocês tratarem diretamente uma estrutura indireta, ela foge, ela se esvazia, ou, pelo contrário, ela se imobiliza, se essencializa; de qualquer maneira, uma revista "literária" está fadada a deixar escapar a literatura: desde Orfeu sabemos bem que nunca devemos voltar-nos para aquilo que amamos, sob pena de o destruir; e sendo apenas "literária", ela deixa escapar também o mundo, o que é algo considerável.

Então, que fazer? antes de tudo, obras, isto é, objetos desconhecidos. Vocês falam de *acabamento*: somente a obra pode ser acabada, isto é, apresentar-se como uma pergunta inteira: pois acabar uma obra não pode ser outra coisa senão a deter no momento em que ela vai significar alguma coisa, no momento em que, de pergunta, ela vai transformar-se em resposta; é preciso construir a obra como um sistema completo de significação, e entretanto, que essa significação seja desiludida. Essa espécie de acabamento é evidentemente impossível na revista, cuja função é dar constantemente respostas ao que o mundo lhe propõe; nesse sentido, as revistas ditas "engajadas" são perfeitamente justificadas, e igualmente justificadas por reduzirem cada vez mais o espaço da literatura: enquanto revistas, elas têm razão contra vocês; pois o desengajamento pode ser a verdade da literatura, mas não poderia ser uma regra geral de conduta, pelo contrário: por que a revista não se engajaria, já que nada a impede de o fazer? Naturalmente, isto não quer dizer que uma revista deva ser necessariamente engajada "à esquerda"; vocês podem, por exemplo, professar um *telquelismo* geral, que seria doutrinalmente "suspensão do julgamento"; mas, além do fato de que esse *telquelismo* seria obrigado a se confessar profundamente engajado na história de nosso tempo (pois nenhuma "suspensão de julgamento" é inocente), ele só teria sentido acabado se trouxesse dia a dia tudo o que acontece no mundo, do último poema de Ponge ao último discurso de Castro, dos últimos amores de Soraya ao último cosmonauta. A via (estreita) para uma revista como a de vocês seria ver o mundo tal qual ele se faz através de uma consciência literária, considerar periodicamente a atualidade como o material de uma obra secreta, situar-se naquele momento muito frágil e bastante obscuro em que a relação de um acontecimento real vai ser agarrada pelo sentido literário.

V. *Você acha que existe um critério de qualidade de uma obra literária? Não seria urgente estabelecê-lo? Acha que teríamos razão de não definir esse critério a priori? De deixá-lo emergir, se possível, sozinho, de uma escolha empírica?*

O recurso ao empirismo é talvez uma atitude de criador, não pode ser uma atitude crítica; se se *olha* a literatura, a obra é sempre a realização de um projeto que foi deliberado *num certo nível* do autor (esse nível não é forçosamente o do intelecto puro), e você se lembra, talvez, que Valéry propunha fundar toda crítica sobre a avaliação da distância que separa a obra de seu projeto; poder-se-ia efetivamente definir a "qualidade" de uma obra como sua mais curta distância com relação à ideia que a fez nascer; mas como essa ideia é inagarrável, como precisamente o autor está condenada só a comunicá-la na obra, isto é, através da própria mediação que se interroga, só se pode definir a "qualidade literária" de modo indireto: é uma impressão de rigor, é o sentimento de que o autor se submete com persistência a um único e mesmo valor; esse valor imperativo, que dá à obra sua unidade, pode variar conforme as épocas. Vê-se bem, por exemplo, que no romance tradicional a descrição não está submetida a nenhuma técnica rigorosa: o romancista mistura inocentemente o que vê, o que sabe, o que sua personagem vê e sabe; uma página de Stendhal (penso na descrição de Carville em *Lamiel*) implica várias consciências narrativas; o sistema de visão do romance tradicional era muito impuro, sem dúvida porque a "qualidade" era então absorvida por outros valores e que a familiaridade do romancista e de seu leitor não constituía problema. Essa desordem foi tratada pela primeira vez de modo sistemático (e não mais inocente), parece-me, por Proust, cujo narrador dispõe, se assim se pode dizer, de uma só voz e de muitas consciências; isto quer dizer que a racionalidade tradicional é substituída por uma racionalidade propriamente romanesca; mas, ao mesmo tempo, é todo o romance clássico que vai achar-se abalado; temos agora (para percorrer essa história muito depressa) romances de um só olhar: a qualidade da obra é então constituída pelo rigor e continuidade da visão: em *La Jalousie*, em *La Modification*, em todas as outras obras do Novo Romance, acredito, a visão, uma vez inaugurada sobre um postulado preciso, é como que traçada em uma única linha, sem nenhuma intervenção daquelas consciências parasitas que permitiam à subjetividade do romancista intervir em sua obra *declarativamente* (esta é uma aposta: não se pode jurar que ela seja sempre mantida: seriam necessárias aqui explicações de textos). Por outras palavras, o mundo é falado de *um só ponto de vista*, o que modifica consideravelmente os respectivos "papéis" da personagem e do romancista. A qualidade da obra é então o rigor da aposta, a pureza de uma visão *que dura* e que está entretanto presa a todas as contingências da anedota; pois a anedota, a "história", é o primeiro inimigo do olhar, e é talvez por isso que esses romances "de qualidade" são tão pouco anedóticos: eis um conflito que será preciso afinal resolver, isto é: ou declarar a anedota nula (mas então, como "interessar"?) ou incorporá-la a um sistema de visão cuja pureza reduz consideravelmente o *saber* do leitor.

VI. *"Sabe-se quão frequentemente nossa literatura realista é mítica (mesmo que apenas como mito grosseiro do realismo) e o quanto nossa literatura irrealista tem pelo menos o mérito de o ser pouco."*

Você pode distinguir concretamente essas obras, dando sua definição de um verdadeiro realismo literário?

Até o presente, o realismo se definiu muito mais por seu conteúdo do que por sua técnica (a não ser a dos "cadernos de anotações"); o real foi primeiramente o prosaico, o trivial, o baixo; depois, de modo mais largo, a infraestrutura suposta da sociedade, liberada de suas sublimações e de seus álibis; não se punha em dúvida que a literatura *copiasse* simplesmente alguma coisa; segundo o nível dessa qualquer coisa, a obra era realista ou irrealista.

Entretanto, o que é o *real*? Não o conhecemos nunca senão sob forma de efeitos (mundo físico), de funções (mundo social) ou de fantasmas (mundo cultural); em suma, o real nunca é ele próprio mais do que uma inferência; quando se declara copiar o real, isto quer dizer que se escolhe tal inferência e não tal outra: o realismo está, em seu próprio nascimento, submetido à responsabilidade de uma escolha; esta é uma primeira má distribuição, própria a todas as artes realistas, precisamente quando se supõe que elas têm uma verdade de certa forma mais bruta e mais indiscutível do que a das outras artes, ditas de interpretação. Existe uma segunda, própria da literatura, e que torna o realismo literário ainda mais mítico: a literatura é apenas linguagem, seu ser está na linguagem; ora, a linguagem *já* é, anteriormente a todo tratamento literário, um sistema de sentido: antes mesmo de ser literatura, ele implica particularidade das substâncias (as palavras), descontínuo, seleção, categorização, lógica especial. Estou em meu quarto, *vejo* meu quarto; mais *ver* meu quarto não será já falar-me dele? É mesmo se não for assim, daquilo que *vejo*, que vou *dizer*? Uma cama? Uma janela? Uma cor? Já começo a recortar furiosamente esse contínuo que está diante de mim. Além disso, essas simples palavras são elas mesmas valores, têm um passado, arredores, seu sentido nasce talvez menos de sua relação com o objeto que significam do que de sua relação com outras palavras, ao mesmo tempo vizinhas e diferentes: e é precisamente nessa zona de sobre-significação, de significação segunda, que vai alojar-se e desenvolver-se a literatura. Por outras palavras, com relação aos próprios objetos, a literatura é fundamentalmente, constitutivamente irrealista; a literatura é o próprio irreal; mais exatamente, longe de ser uma cópia analógica do real, *a literatura é pelo contrário a própria consciência do irreal da linguagem*: a literatura mais "verdadeira" é aquela que se sabe a mais irreal, na medida em que ela se sabe essencialmente linguagem, é aquela procura de um estado intermediário entre as coisas e as palavras, é aquela tensão de uma consciência que é ao mesmo tempo levada e limitada pelas palavras, que dispõe através delas de um poder *ao mesmo tempo absoluto e improvável*. O realismo, aqui, não pode portanto ser a cópia das coisas, mas o conhecimento da linguagem; a obra mais "realista" não será a que "pinta" a realidade mas a que, servindo-se do mundo como conteúdo (esse próprio conteúdo é aliás estranho à sua estrutura, isto é, a seu ser), explorará o mais profundamente possível a *realidade irreal* da linguagem.

Exemplos concretos? O concreto custa caro e aqui é toda uma história da literatura que seria preciso reconstruir desse ponto de vista. O que se pode dizer, acredito, é que a exploração da linguagem está no começo, ela constitui uma reserva de criação de uma riqueza infinita; pois não se deve acreditar que essa exploração é um privilégio poético, considerando-se que a poesia deve ocupar-se com as palavras e o romance com o "real"; é toda a literatura que é problemática da linguagem; por exemplo, a literatura clássica foi, genialmente, a meu ver, a exploração de uma certa *racionalidade arbitrária* da linguagem; a poesia moderna, a de uma certa *irracionalidade*; o Novo Romance, a de uma certa *opacidade* etc.; desse ângulo, todas as subversões da linguagem são apenas experiências muito rudimentares, não vão muito longe; o novo, o desconhecido, o infinitamente rico da literatura será talvez encontrado do lado das *falsas racionalidades* da linguagem.

,VII. *Que acha da literatura imediatamente contemporânea? Que espera dela? Tem ela um sentido?*

Poderia pedir que vocês mesmos definissem o que entendem por *literatura imediatamente contemporânea*, e vocês teriam, acredito, muita dificuldade; pois se se faz uma lista de autores, tornam-se clamorosas as diferenças e será preciso se explicar acerca de cada caso; e se se estabelecer um corpo de doutrina, definir-se-á uma literatura utópica (ou, situando melhor as coisas, nossa literatura particular), mas então cada autor real se definirá sobretudo por sua distância com relação a essa doutrina. A impossibilidade de um sistema não é contingente; ela exprime a dificuldade em que nos encontramos de apanhar nós mesmos o sentido histórico do tempo e da sociedade em que vivemos.

A despeito do sentimento que se pode ter de uma certa afinidade entre as obras do Novo Romance, por exemplo, e que mostrei aqui mesmo a propósito da visão romanesca, pode-se hesitar em ver no Novo Romance algo mais do que um fenômeno sociológico, um mito literário cujas fontes e função podem ser facilmente situadas; uma comunidade de amizades, de vias de difusão e de mesas-redondas não basta para autorizar uma síntese verdadeira das obras. Essa síntese será possível? Ela o será talvez um dia, mas, ponderando bem, parece hoje mais justo e mais frutuoso interrogar-se sobre cada obra em particular, considerá-la precisamente como uma obra solitária, isto é, como um objeto que não reduziu a tensão entre o sujeito e a história e que é mesmo, enquanto obra acabada e entretanto inclassificável, constituído por essa tensão. Em suma, seria melhor interrogar-se sobre o sentido da obra de Robbe-Grillet ou de Butor do que sobre o sentido do "Novo Romance", explicando o Novo Romance, tal qual ele se apresenta, vocês podem explicar uma pequena fração de nossa sociedade; mas explicando Robbe-Grillet ou Butor tais como eles se fazem, vocês têm talvez a chance, para além de sua própria opacidade histórica, de atingir alguma coisa da história profunda de seu tempo: a literatura não é aquela linguagem particular que faz do "sujeito" o signo da história?

LITERATURA OBJETIVA

OBJETIVO, IVA (adj.): Termo de óptica. Vidro objetivo, lente de uma luneta destinada a ser virada para o lado do objeto que se quer ver (Littré).

Existe atualmente no frontão da estação de Montparnasse uma grande inscrição a neon: "Bons-Kilomètres"[1] da qual algumas letras são regularmente apagadas. Seria um bom objeto para Robbe-Grillet, um objeto bem a seu gosto, esse material provido de pontos de deterioração que podem misteriosamente mudar de lugar de um dia para outro.[2]

Os objetos desse gênero, muito elaborados e parcialmente instáveis, são numerosos na obra de Robbe-Grillet. São em geral objetos extraídos do cenário urbano (plantas municipais,

---

1. Bilhete que dá direito a viajar um certo número de quilômetros por estrada de ferro. (N. da T.)

2. A propósito de: A. Robbe-Grillet, *Les Gommes* (Ed. de Minuit, 1953) e *Trois Visions réfléchies* (Nouvelle N. R. F., abril 1954).

cartazes profissionais, avisos postais, discos de sinalização, grades de residências, pisos de pontes), ou do cenário cotidiano (óculos, interruptores, borrachas, cafeteiras, manequins de costureira, sanduíches pré-fabricados). Os objetos "naturais" são raros (árvores da *Troisième Vision réfléchie*, braço de mar do *Chemin de Retour*[3]), subtraídos aliás imediatamente à natureza e ao homem para se constituírem antes de tudo como suportes de uma reflexão "óptica".

Todos esses objetos são descritos com uma aplicação em aparência pouco proporcional a seu caráter senão insignificante, pelo menos puramente funcional. Em Robbe-Grillet, a descrição é sempre antológica: ela surpreende o objeto como num espelho e o transforma em espetáculo para nós, isto é, dá-se-lhe o direito de tomar nosso tempo, sem preocupação com os apelos que a dialética da narrativa pode lançar a esse objeto indiscreto. O objeto fica ali, tem a mesma liberdade de exibição que um retrato balzaquiano, embora sem ter a mesma necessidade psicológica. Outra característica dessa descrição: ela nunca é alusiva, ela diz tudo, não procura, no conjunto das linhas e das substâncias, tal atributo encarregado de significar economicamente toda a natureza do objeto (Racine: "Dans l'Orient *désert*, quel devint mon ennui", ou Hugo: "Londres, une rumeur sous une fumée"[4]). A escritura de Robbe-Grillet é sem álibi, sem espessura e sem profundidade: permanece na superfície do objeto e a percorre igualmente, sem privilegiar tal ou qual de suas qualidades: é pois exatamente o contrário de uma escritura poética. Aqui, a palavra não explode, não escava, não lhe dão por função surgir armada em face do objeto, para procurar no cerne de sua substância um nome ambíguo que a resuma: a linguagem não é aqui violação de um abismo, mas espraiamento sobre uma superfície, está encarregada de "pintar" o objeto, isto é, de acariciá-lo, de depositar pouco a pouco ao longo de seu espaço toda uma cadeia de nomes progressivos, dos quais nenhum deve esgotá-lo.

3. Texto extraído de *Le Voyeur*, então inédito.
4. Racine: "No Oriente *deserto*, qual não se tornou meu tédio"; Hugo: "Londres, um rumor sob a fumaça". (N. da T.)

É preciso aqui ter o cuidado de notar que, em Robbe-Grillet, a minúcia da descrição nada tem em comum com a aplicação artesanal do romancista verista. O realismo tradicional adiciona qualidades em função de um julgamento implícito: seus objetos têm formas, mas também odores, propriedades tácteis, lembranças, analogias, em resumo pululam de significações; têm mil modos de serem percebidos, e nunca impunemente, já que acarretam um impulso humano de repulsa ou de apetite. Em face desse sincretismo sensorial, ao mesmo tempo anárquico e orientado, Robbe-Grillet impõe uma única ordem de apreensão: a visão. O objeto deixa de ser um núcleo de correspondências, uma profusão de sensações e de símbolos: é somente uma resistência óptica.

Essa promoção do visual traz singulares consequências: para começar, a seguinte: o objeto de Robbe-Grillet não é composto em profundidade; não protege um cerne sob sua superfície (e o papel tradicional do literato foi até aqui ver, por detrás da superfície, o segredo dos objetos); não, aqui o objeto não existe para além de seu fenômeno; não é duplo, alegórico; não se pode nem ao menos dizer que seja opaco, pois seria reencontrar uma natureza dualista. A minúcia com que Robbe-Grillet descreve o objeto nada tem de uma abordagem tendenciosa; ela cria inteiramente o objeto de modo que, uma vez descrita sua aparência, ele fique esgotado; se o autor o deixa, não é por submissão a uma medida retórica, é porque o objeto não tem outra resistência senão a de suas superfícies, e percorridas essas, a linguagem deve retirar-se de um investimento que só poderia ser estranho ao objeto, da ordem da poesia ou da eloquência. O silêncio de Robbe-Grillet sobre o coração romântico das coisas não é um silêncio alusivo ou sacral, é um silêncio que funda irremediavelmente o limite do objeto, não seu além: certa fatia de tomate depositada sobre um sanduíche do Automático e descrita segundo o método de Robbe-Grillet, constitui um objeto sem herança, sem ligações e sem referências, um objeto teimoso, rigorosamente fechado na ordem de suas partículas, sugestivo apenas com relação a si próprio, e que não arrasta seu leitor para um *alhures* funcional ou substancial. "A condição do homem é de estar ali." Robbe-Grillet lembrava essas palavras de Heidegger a propósito de *Esperando Godot*. Pois bem, os objetos de Robbe-Grillet, também, são feitos para estar ali. Toda a arte do autor consiste em dar ao objeto um "estar ali" e em retirar-lhe um "ser alguma coisa".

Portanto, o objeto de Robbe-Grillet não tem nem função nem substância. Ou mais exatamente, uma e outra são absorvidas pela natureza óptica do objeto. Quanto à função, eis um exemplo: o jantar de Dupont está pronto: presunto. Tal seria pelo menos o sinal suficiente da função alimentar. Mas Robbe-Grillet diz: "Sobre a mesa da cozinha, há três finas fatias de presunto estendidas num prato branco". A função está aqui traiçoeiramente extravasada pela própria existência do objeto: a finura, o estendimento, a cor fundamentam muito menos um alimento do que um espaço complexo; e se o objeto é aqui função de alguma coisa, não é a de sua destinação natural (ser comido), é a de um itinerário visual, o do assassino cuja caminhada é passagem de objeto a objeto, de superfície a superfície. De fato, o objeto detém um poder de mistificação: sua natureza tecnológica, se assim se quiser, é sempre imediatamente aparente, os sanduíches são alimentos, as borrachas, instrumentos para apagar, e as pontes, materiais para atravessar; o objeto nunca é insólito, faz parte, a título de função evidente, de um cenário urbano ou cotidiano. Mas a descrição se obstina para além disso: no momento em que se espera que ela cesse, tendo esgotado o objeto enquanto utensílio, ela permanece como um ponto de órgão levemente intempestivo, e transforma o utensílio em espaço: sua função era apenas ilusória, é seu percurso óptico que é real: sua humanidade começa para além de seu uso.

A substância sofre o mesmo desvio singular. É preciso que se lembre aqui que a "sinestesia" da matéria está no fundo de toda sensibilidade romântica (no sentido largo da palavra). Jean-Pierre Richard o mostrou a respeito de Flaubert, e de outros escritores do século XIX, num ensaio que será publicado em breve[5]. No escritor romântico é possível estabelecer uma temática da substância, na medida precisamente em que, para ele, o objeto não é óptico, mas táctil, arrastando assim seu leitor a uma experiência visceral da matéria

---

5. *Littérature et Sensation* (Seuil, 1954).

(apetite ou náusea). Em Robbe-Grillet, pelo contrário, a promoção do visual, o sacrifício de todos os atributos do objeto à sua existência "superficial" (é preciso notar de passagem o descrédito tradicionalmente ligado a esse modo de visão) suprime todo engajamento humoral com relação ao objeto. A vista não produz impulsos existenciais a não ser na medida em que ela pode ser reduzida a atos de apalpamento, de manducação ou de ocultamento. Ora, Robbe-Grillet nunca permite um extravasamento do óptico pelo visceral, ele corta impiedosamente o visual de seus substitutos.

Só vejo na obra de Robbe-Grillet uma única metáfora, isto é, um único adjetivo de substância, aplicado aliás ao único objeto psicanalítico de sua coleção: a maciez das borrachas ("Eu queria uma borracha bem macia"). Fora dessa qualificação táctil, designada pela gratuidade misteriosa do objeto, que dá seu título ao livro como um escândalo ou um enigma, nenhuma temática existe em Robbe-Grillet, pois a apreensão óptica, que reina cm todas as outras partes, não pode fundar nem correspondências nem reduções, somente simetrias.

Recorrendo tiranicamente à visão, Robbe-Grillet se propõe sem dúvida assassinar o objeto clássico. A tarefa é dura pois, sem que o percebamos nitidamente, vivemos literariamente numa familiaridade do mundo que é de ordem orgânica e não visual. A primeira diligência desse hábil assassinato consiste em isolar os objetos, em retirá-los de sua função e de nossa biologia. Robbe-Grillet deixa-lhes apenas ligações superficiais de situação e de espaço, retira-lhes toda possibilidade de metáfora, corta-os daquela rede de formas ou de estados analógicos que sempre se considerou como o campo privilegiado do poeta (e sabe-se quanto o mito do "poder" poético contaminou todas as ordens da criação literária).

Mas o que é mais difícil de matar, no objeto clássico, é a tentação do adjetivo singular e global (gestaltista, poderíamos dizer), que consegue amarrar todas as ligações metafísicas do objeto ("No Oriente deserto"). O que Robbe-Grillet visa a destruir é pois o adjetivo: a qualificação é sempre nele espacial, situacional, em nenhum caso analógica. Se fosse preciso transpor essa oposição à pintura (com as reservas que impõe esse gênero de comparação), poder-se-ia dar, como exemplo de objeto clássico, certa natureza morta holandesa onde a minúcia dos pormenores é inteiramente subjugada por uma qualidade dominante que transforma todos os materiais da visão em uma única sensação, de ordem visceral: o *brilho*, por exemplo, é o objetivo manifesto de todas as composições com ostras, copos, vinho e metal, tão numerosas na arte holandesa. Essa pintura procura prover o objeto de uma película adjetiva: é esse caramelo meio visual, meio substancial, que ingerimos graças a uma espécie de sexto sentido, sinestésico e não mais superficial. É como se o pintor conseguisse nomear o objeto com um nome quente, um nome-vertigem que nos traga, nos arrasta em seu contínuo, e nos compromete na camada homogênea de uma matéria ideal, feita de qualidades superlativas de todas as matérias possíveis. Aí está ainda o segredo da admirável retórica baudelairiana, onde cada nome, vindo das mais diversas ordens, deposita seu tributo de sensações ideais numa percepção ecumênica e como que irradiante da matéria ("Mais les bijoux perdus de l'antique Palmire, les métaux inconnus, les perles de la mer"...[6]).

A descrição de Robbe-Grillet aparenta-se, pelo contrário, com a pintura moderna (no sentido mais largo do termo), na medida em que ela abandonou a qualificação substancial do espaço para propor uma leitura simultânea dos planos figurativos, e restituir ao objeto sua "magreza essencial". Robbe-Grillet destrói no objeto sua predominância, porque ela o atrapalha em seu desígnio capital, que é de inserir o objeto numa dialética do espaço. É ainda mais, esse espaço talvez não seja euclidiano: a minúcia mobilizada para situar o objeto por uma espécie de proliferação de planos, para encontrar na elasticidade de nossa vista um ponto singularmente frágil de resistência, nada tem a ver com a preocupação clássica de nomear as direções do quadro.

É preciso lembrar que na descrição clássica o quadro é sempre espetáculo, é um lugar imóvel, coagulado pela eternidade: o espectador (ou o leitor) deu procuração ao pintor para circular em torno do objeto, explorar com um olhar

---

6. "Mas as joias perdidas da antiga Palmira, os metais ignotos, as pérolas do mar." (N. da T.)

86

móvel suas sombras e seu "prospecto" (segundo a palavra de Poussin), devolver-lhe a simultaneidade de todas as aproximações possíveis. De onde a supremacia imaginária das "situações" do espectador (expressa pelo nominalismo das orientações: "à direita... à esquerda... no primeiro plano... no fundo..."). A descrição moderna, ao contrário, pelo menos a da pintura, fixa o espectador em seu lugar, e desencaixa o espetáculo, ajusta-o em vários tempos à sua vista; já o notaram, as telas modernas saem da parede, vêm ao espectador, oprimem-no com um espaço agressivo: o quadro não é mais "prospecto", ele é "projeto" (poderíamos dizer). É exatamente o efeito das descrições de Robbe-Grillet: elas se desencadeiam espacial-mente, o objeto se desprende sem perder por isso a marca de suas primeiras posições, torna-se profundo sem deixar de ser plano. Reconhece-se aqui a própria revolução que o cinema operou nos reflexos da visão.

Robbe-Grillet teve o requinte de dar em *Les Gommes* uma cena onde são descritas exemplarmente as relações do homem com o novo espaço. Bona está sentado no centro de um cômodo nu e vazio, e descreve o campo espacial que tem sob os olhos: esse campo, que inclui a própria vidraça por detrás da qual se define um horizonte de tetos, esse campo se move diante do homem imóvel, o espaço se "deseuclidiza" (que me perdoem esse barbarismo necessário) ali mesmo. Robbe-Grillet reproduziu aqui as condições experimentais da visão cinematográfica: o quarto, cubiforme, é a sala; a nudez é sua obscuridade, necessária à emergência do olhar imóvel; e a vidraça é a tela, ao mesmo tempo plana e aberta a todas as dimensões do movimento, mesmo à do tempo.

Somente, tudo isso não é, geralmente, dado assim: o aparelho descritivo de Robbe-Grillet é em parte um aparelho mistificador. Tomaria como prova a aplicação aparente com que ele dispõe os elementos do quadro segundo uma orientação clássica do espectador fictício. Como todo escritor tradicional, Robbe--Grillet multiplica os "à direita" e os "à esquerda", cujo papel motor na composição clássica acabamos de ver. Ora, de fato, esses termos, puramente adverbiais, não descrevem nada: linguisticamente, são ordens gestuais, não têm mais espessura do que uma mensagem cibernética. Essa foi talvez uma grande ilusão da retórica clássica, a de acreditar que a orientação verbal do quadro pudesse ter qualquer poder de sugestão ou de representação: literariamente, isto é, fora de uma ordem operatória, essas noções são intermutáveis, portanto, ao pé da letra, inúteis: elas não tinham outra razão senão a de justificar a mobilidade ideal do espectador.

Se Robbe-Grillet as emprega, com a lentidão de um bom artesão, é a título de irrisão do espaço clássico, é para dispersar a concreção da substância, volatizá-la sob a pressão de um espaço sobreconstruído. As múltiplas precisões de Robbe--Grillet, sua obsessão pela topografia, todo aquele aparelho demonstrador, têm por efeito destruir a unidade do objeto situando-o exageradamente, de modo que primeiramente a substância seja abafada sob o acúmulo de linhas e de orientações e que, em seguida, o abuso dos planos, dotados entretanto de denominações clássicas, acabe por fazer estourar o espaço tradicional, para substituí-lo por um novo espaço, munido como se verá num instante, de uma profundidade temporal.

Em suma, as operações descritivas de Robbe-Grillet podem ser assim resumidas: destruir Baudelaire graças a um recurso irrisório a Lamartine e, ao mesmo tempo, evidentemente, destruir Lamartine. (Essa comparação não é gratuita, se se admitir que nossa "sensibilidade" literária está inteiramente afeita, por reflexos ancestrais, a uma visão "lamartiniana" do espaço.) As análises de Robbe-Grillet, minuciosas, pacientes, a ponto de parecerem pastichar Balzac ou Flaubert, por sua superprecisão, corroem incessantemente o objeto, atacam aquela película adjetiva que a arte clássica deposita sobre um quadro para levar o leitor à euforia de uma unidade restituída. O objeto clássico segrega fatalmente seu adjetivo (o brilho holandês, o deserto raciniano, a matéria superlativa de Baudelaire): Robbe-Grillet persegue essa fatalidade, sua análise é uma operação anticoagulante: é preciso a qualquer preço destruir a carapaça do objeto, mantê-lo aberto, disponível à sua nova dimensão: o tempo.

Para apreender a natureza temporal do objeto em Robbe-Grillet, é preciso observar as mutações que ele o faz sofrer, e ainda aqui opor a natureza revolucionária de sua tentativa às normas da descrição clássica. Esta, sem dúvida, soube submeter seus objetos a forças de degradação. Mas precisamente, era como se o objeto, desde há muito constituído em seu espaço ou em sua substância, encontrasse ulteriormente uma Necessidade descida do empíreo; o Tempo clássico não tem outra figura a não ser a de um Destruidor de perfeição (Cronos e sua foice). Em Balzac, em Flaubert, em Baudelaire, mesmo em Proust (mas num modo inverso), o objeto é portador de um melodrama; ele se degrada, desaparece ou reencontra uma última glória, participa em suma de uma verdadeira escatologia da matéria. Poder-se-ia dizer que o objeto clássico nunca é mais do que o arquétipo de sua própria ruína, o que redunda em opor à essência espacial do objeto um Tempo ulterior (portanto exterior) que funcionaria como um destino e não como uma dimensão interna.

O tempo clássico só encontra o objeto a fim de ser, para ele, catástrofe ou deliquescência. Robbe-Grillet dá a seus objetos outro tipo de mutabilidade. É uma mutabilidade cujo processo é invisível: um objeto, descrito uma primeira vez em um momento do contínuo romanesco, reaparece mais tarde, dotado de uma diferença quase imperceptível. Essa diferença é de ordem espacial, situacional (por exemplo, o que estava à direita se encontra à esquerda). O tempo desencaixa o espaço e constitui o objeto como uma série de fatias que se recobrem quase completamente umas as outras: é nesse "quase" espacial que jaz a dimensão temporal do objeto. Trata-se pois de um tipo de variação que se encontra grosseiramente no movimento das placas de uma lanterna mágica ou das faixas das histórias em quadrinhos.

Pode-se agora compreender a razão profunda pela qual Robbe-Grillet sempre restitui o objeto de um modo puramente óptico: a visão é o único sentido onde o contínuo é a adição de campos minúsculos mas inteiros: o espaço só pode suportar variações *realizadas*: o homem nunca participa visualmente do processo interno de uma degradação: mesmo extremamente retalhada, ele só vê seus feitos. A instituição óptica do objeto é pois a única que possa compreender no objeto um tempo *esquecido*, apreendido por seus efeitos, não por sua duração, isto é, privado de patético.

Todo o esforço de Robbe-Grillet consiste pois em inventar para o objeto um espaço provido previamente de seus pontos de mutação, de sorte que o objeto se desencaixa mais do que se degrada. Para retomar o exemplo do início, a inscrição a neon da estação de Montparnasse seria um bom objeto para Robbe-Grillet, na medida em que o complexo proposto é aqui de ordem puramente óptica, feito de um certo número de *colocações*, que não têm outra liberdade senão a de abolir-se ou revezar-se. Pode-se aliás, igualmente, imaginar objetos antipáticos ao método de Robbe-Grillet: seria, por exemplo, o pedaço de açúcar embebido em água e que desmorona gradualmente (de onde os geógrafos tiraram a imagem do relevo kárstico): aqui, o caráter ligado da degradação seria intolerável ao desígnio de Robbe-Grillet, já que ele restitui um tempo ameaçador e uma matéria contagiosa. Pelo contrário, os objetos de Robbe-Grillet nunca corrompem, mistificam ou desaparecem: o tempo nunca é aí degradação ou cataclisma: é somente troca de lugar ou ocultamento de elementos.

Robbe-Grillet indicou-o em suas *Visions réfléchies*: são os acidentes da reflexividade que revelam melhor esse gênero de ruptura: basta imaginar que as mudanças imóveis de orientação produzidas pela reflexão especular sejam decompostas e dispersas ao longo de uma duração, para obter a própria arte do Robbe-Grillet. Mas é óbvio que a inserção virtual do tempo na visão do objeto é ambígua: os objetos de Robbe-Grillet têm uma dimensão temporal, mas não é o tempo clássico que detêm: é um tempo insólito, um tempo *para nada*. Pode-se dizer que Robbe-Grillet devolveu o tempo ao objeto; mas seria ainda muito melhor dizer que ele lhe devolveu um tempo litótico, ou, mais paradoxalmente, mas ainda mais exatamente: o movimento menos o tempo.

Não temos aqui a intenção de abordar a análise argumentativa de *Les Gommes*; é preciso entretanto lembrar que esse livro é a história de um tempo circular, que se anula de certa forma ele próprio depois de ter arrastado homens e objetos num itinerário ao cabo do qual ele os deixa, *com pequenas diferenças*, no estado do começo. Tudo se passa como se toda a história se refletisse num espelho que pusesse à esquerda o que está à direita e inversamente, de sorte que a mutação da "intriga" nada mais é do que um reflexo de espelho disposto em patamares num tempo de vinte e quatro horas. Naturalmente, para que a recolagem seja significativa, é preciso que o ponto de partida seja singular. Daí um argumento em aparência policial, onde *as pequenas diferenças* da visão especular são a mutação de identidade de um cadáver.

Vê-se que o próprio argumento de *Les Gommes* não faz mais do que colocar em grande esse mesmo tempo ovóide (ou esquecido) que Robbe-Grillet introduziu em seus objetos. É o que se poderia chamar de tempo-do-espelho, o tempo especular. A demonstração é ainda mais flagrante em *Le Chemin du Retour*, onde o tempo sideral, o de uma maré, modificando os arredores terrestres de um braço de mar, representam o próprio gesto que faz suceder ao objeto direto sua visão refletida e entronca uma na outra. A maré modifica o campo visual do caminhante exatamente como a reflexão inverte a orientação de um espaço. Somente, enquanto a maré sobe, o caminhante está na ilha, ausente da própria duração da mutação, e o tempo é posto entre parênteses. Essa retirada intermitente é em definitivo o ato central das experiências de Robbe-Grillet: retirar o homem da *fabricação* ou do devir dos objetos e desambientar afinal o mundo em sua superfície.

A tentativa de Robbe-Grillet é decisiva na medida que ela atenta contra o material da literatura que gozava ainda de um privilégio clássico completo: o objeto. Não que escritores contemporâneos tenham deixado de o fazer, e de uma maneira excelente: houve principalmente Ponge e Jean Cayrol. Mas o método de Robbe-Grillet tem algo de mais experimental, visa a um questionamento exaustivo do objeto, do qual se exclui toda derivação lírica. Para reencontrar tal plenitude de tratamento, é preciso ir à pintura moderna, aí observar o tormento de uma destruição racional do objeto clássico. A importância de Robbe-Grillet é que ele atacou o último bastião da arte escrita tradicional: a organização do espaço literário. Sua tentativa equivale, em importância, à do surrealismo diante da racionalidade, ou do teatro de vanguarda (Beckett, Ionesco, Adamov) diante do movimento cênico burguês.

Somente, sua solução não deve nada a esses combates correspondentes: sua destruição do espaço clássico não é nem onírica, nem irracional; ela se funda antes sobre a ideia de uma nova estrutura da matéria e do movimento: seu fundo analógico não é nem o universo freudiano, nem o universo newtoniano; seria preciso antes pensar em um complexo mental saído de ciências e artes contemporâneas, tais como a nova física e o cinema. Isto só pode ser grosseiramente indicado, pois aqui como em outras partes, falta-nos uma história das formas.

E como nos falta igualmente uma estética do romance (isto é, uma história de sua instituição pelo escritor), só podemos situar grosseiramente o lugar de Robbe-Grillet na evolução do romance, Ainda aqui, é preciso lembrar o fundo tradicional sobre o qual se alça a tentativa de Robbe-Grillet: um romance secularmente fundado como experiência de uma profundidade: profundidade social com Balzac e Zola, "psicológica" com Flaubert, memorial com Proust, é sempre ao nível de uma interioridade do homem ou da sociedade que o romance determinou seu campo; ao que correspondia, no romancista, uma missão de escavamento e extração. Essa função endoscópica, sustentada pelo mito concomitante da essência humana, sempre foi tão natural ao romance, que seríamos tentados a definir seu exercício (criação ou consumação) como uma fruição do abismo.

A tentativa de Robbe-Grillet (e de alguns de seus contemporâneos: Cayrol e Pinget, por exemplo, mas de um modo bem diverso) visa a fundar o romance em superfície: a interioridade é posta entre parênteses, os objetos, os espaços e a circulação do homem de uns a outros são promovidos à categoria de assuntos. O romance se torna experiência direta do que cerca o homem, sem que esse homem possa prevalecer-se de uma psicologia, de uma metafísica ou de uma psicanálise para abordar o meio objetivo que ele descobre. O romance, aqui, não é mais de ordem ctônica, infernal, ele é terrestre: ele ensina a olhar o mundo não mais com os olhos do confessor, do médico ou de Deus, todas essas hipóstases significativas do romancista clássico, mas com os de um homem que caminha em sua cidade sem outro horizonte senão o espetáculo, sem outro poder senão o de seus olhos.

LITERATURA LITERAL

Um romance de Robbe-Grillet não se lê do modo ao mesmo tempo global e descontínuo, corno se "devora" um romance tradicional, onde a intelecção salta de parágrafo a parágrafo, de crise a crise, e onde o olho só absorve a tipografia, a bem dizer, por intermitências, como se a leitura, em seu gesto mais material, devesse reproduzir a própria hierarquia do universo clássico, dotado de momentos ora patéticos, ora insignificantes[1]. Não, em Robbe-Grillet a narração impõe ela própria a necessidade de uma ingestão exaustiva do material; o leitor é submetido a uma espécie de educação firme, tem o sentimento de ser mantido, apenso à própria continuidade dos objetos e das condutas. A captura provém então não de um rapto ou de uma fascinação, mas de um investimento progressivo e fatal. A pressão da narrativa é rigorosamente igual, como convém numa literatura de constatação.

1. A propósito de *Le Voyeur*, de A. Robbe-Grillet.

Essa qualidade nova da leitura está ligada, aqui, à natureza propriamente óptica do material romanesco. Sabe-se que o desígnio de Robbe-Grillet é dar afinal aos objetos um privilégio narrativo somente concedido até hoje às relações humanas. De onde uma arte da descrição profundamente renovada, já que nesse universo "objetivo" a matéria não é mais apresentada como uma função do coração humano (lembrança, utilidade) mas como um espaço implacável que o homem só pode frequentar pelo andar, nunca pelo uso ou pela sujeição.

Essa é uma grande exploração romanesca cujas primeiras posições, as posições de partida, foram asseguradas por *Les Gommes*. *Le Voyeur* constitui uma segunda etapa, atingida de modo evidentemente deliberado, pois sempre se tem a impressão de que a criação de Robbe-Grillet investe por um caminho predeterminado; pode-se avançar, acredito, que sua obra geral terá um valor de demonstração, e que, como todo ato literário autêntico, ela será, bem mais do que literatura, a própria instituição da literatura: sabemos bem que, há cinquenta anos, tudo o que conta em matéria de escritura possui essa mesma virtude problemática.

O interesse de *Le Voyeur* é a relação que o autor estabelece entre os objetos e a fábula. Em *Les Gommes*, o mundo objetivo era suportado por um enigma de ordem policial. Em *Le Voyeur* não há mais nenhuma qualificação da história: esta tende para o zero, a ponto de mal podermos nomeá-la, ainda menos resumi-la (como testemunha o embaraço dos críticos). Posso avançar que, numa ilha indefinida, um viajante comercial estrangula uma jovem pastora e volta para o continente. Mas estarei bem certo desse assassinato? O próprio ato está narrativamente *apagado* (um buraco bem visível no meio da narrativa); o leitor pode apenas induzir o esforço paciente do assassino para apagar esse vazio (se assim se pode dizer), preenchê-lo com um tempo "natural". É melhor dizer que a extensão do mundo objetivo, a tranquila minúcia da reconstituição, cercam aqui um acontecimento improvável: a importância dos antecedentes e dos consequentes, sua prolixa literalidade, sua teimosia em serem ditos, tornam forçosamente duvidoso um ato que de repente, e contrariamente

94

à vocação analítica do discurso, não tem mais a palavra como caução imediata.

A "brancura" do ato provém primeiramente, está claro, da natureza objetiva da descrição. A fábula (aquilo que se chama, precisamente, de "romanesco") é um produto típico das civilizações da alma. Conhece-se esta experiência etnológica de Ombredane: um filme, *A caça submarina*, é apresentada a negros congoleses e a estudantes belgas: os primeiros fazem dele um resumo puramente descritivo, preciso e concreto, sem nenhuma fabulação; os segundos, pelo contrário, traem uma grande indigência visual; lembram-se mal dos detalhes, imaginam uma história, procuram efeitos literários, tentam encontrar estados afetivos. É precisamente esse nascimento espontâneo do drama que o sistema óptico de Robbe-Grillet corta a cada instante; como para os negros congoleses, a precisão do espetáculo absorve toda interioridade virtual (prova *a contrario*: nossos críticos espiritualistas procuraram desesperadamente em *Le Voyeur* a história: sentiam bem que sem argumento, patológico ou moral, o romance escapava a esta civilização da Alma que eles se encarregam de defender). Existe pois conflito entre o mundo puramente óptico dos objetos e o da interioridade humana. Escolhendo o primeiro, Robbe-Grillet só pode ficar fascinado pelo aniquilamento da anedota.

Existe efetivamente, em *Le Voyeur*, uma destruição tendenciosa da fábula. A fábula recua, míngua, aniquila-se sob o peso dos objetos. Os objetos investem a fábula, confundem-se com ela para melhor a devorar. É notável que não conheçamos do crime nem móveis, nem estados, nem mesmo atos, mas somente materiais isolados, privados aliás em sua descrição, de toda intencionalidade explícita. Aqui, os dados da história não são nem psicológicos, nem mesmo patológicos (pelo menos em sua situação narrativa), reduzem-se a alguns objetos aparecidos pouco a pouco do espaço e do tempo, sem nenhuma contiguidade causal declarada: uma menina (pelo menos seu arquétipo, pois seu nome muda insensivelmente), uma cordinha, uma estaca, um pilar, bombons.

É somente a coordenação progressiva desses objetos que desenha, senão o próprio crime, pelo menos o *lugar* e o *momento* do crime. Os materiais são associados uns aos outros por uma espécie de acaso indiferente; mas da repetição de certas constelações de objetos (a cordinha, os bombons, os cigarros, a mão de unhas pontudas), nasce a probabilidade de um uso assassino que os reuniria todos; e essas associações de objetos (como se diz das associações de ideias) condicionam pouco a pouco o leitor para a existência de um argumento provável, sem nunca entretanto o designar, como se, no mundo de Robbe-Grillet, devêssemos passar da ordem dos objetos à dos acontecimentos por uma cadeia paciente de reflexos puros, evitando cuidadosamente os escalões de uma consciência moral.

Essa pureza, evidentemente, só pode ser tendenciosa, e todo *Le Voyeur* nasce de uma resistência impossível à anedota. Os objetos figuram como uma espécie de tema-zero do argumento. O romance se mantém naquela zona estreita e difícil onde a anedota (o crime) começa a apodrecer, a "intencionalizar" a soberba teimosia dos objetos em apenas *estarem ali*. E ainda essa inflexão silenciosa de um mundo puramente objetivo em direção à interioridade e à patologia provém simplesmente de um vício do espaço. Se nos lembrarmos de que o desígnio profundo de Robbe-Grillet é prestar conta de *toda* a extensão objetiva, como se a mão do romancista seguisse estreitamente seu olhar numa apreensão exaustiva das linhas e das superfícies, compreenderemos que a volta de certos objetos, de certos fragmentos do espaço, privilegiados por sua própria repetição, constitui por si mesma uma falha, o que se poderia chamar de um primeiro ponto de apodrecimento no sistema óptico do romancista, fundado essencialmente sobre a contiguidade, a extensão e o alongamento. Pode-se dizer, portanto, que é na medida em que o encontro repetido de alguns objetos quebra o paralelismo dos olhares e dos objetos que existe crime, isto é, acontecimento: o vício geométrico, o achatamento do espaço, a irrupção de uma *volta*, eis a brecha por onde toda uma ordem psicológica, patológica, anedótica, vai ameaçar de investir contra o romance. É precisamente ali onde os objetos, ao se *representar*, parecem renegar sua vocação de existentes puros, que eles chamam a anedota e seu cortejo de móveis implícitos: a repetição e a conjunção os despojam de seu *estar-ali*, para revesti-los de um *ser-por-alguma-coisa.*

Vê-se toda a diferença que separa esse modo de iteração da *temática* dos autores clássicos. A repetição de um tema postula uma profundidade, o tema é um sinal, o sintoma uma coerência interna. Em Robbe-Grillet, pelo contrário, as constelações de objetos não são expressivas mas criativas; elas têm o encargo não de revelar, mas de realizar; elas têm um papel dinâmico, não heurístico: antes de elas se produzirem, não existe nada do que elas vão dar à leitura: elas *fazem* o crime, elas não o revelam: em uma só palavra, elas são literais. O romance de Robbe-Grillet permanece pois perfeitamente exterior a uma ordem psicanalítica: não se trata absolutamente, aqui, de um mundo da compensação e da justificação, onde certas tendências seriam expressas ou contraexpressas por certos atos; o romance abole deliberadamente todo passado e toda profundidade, é um romance da extensão, não da compreensão. O crime não compensa nada (em particular, nenhum *desejo* de crime), ele não é em nenhum momento resposta, solução ou saída de crise: esse universo não conhece nem a compressão nem a explosão, apenas o encontro, os cruzamentos de itinerários, as voltas de objetos. E se somos tentados a ler o estupro e o assassinato como atos pertencentes a uma patologia, é induzindo abusivamente o conteúdo da forma: somos aqui vítimas, uma vez mais, daquele preconceito que nos faz atribuir ao romance uma essência, a mesma do real, de *nosso* real; concebemos sempre o imaginário como um símbolo do real, queremos ver na arte uma litote da natureza. No caso de Robbe-Grillet, quantos críticos renunciaram à literalidade cega da obra, para tentar introduzir nesse universo, apesar de tudo nele indicar uma completude implacável, um acréscimo de alma e de mal, enquanto a técnica de Robbe-Grillet é precisamente um protesto radical contra o inefável.

Podemos aliás exprimir de outro modo essa recusa da psicanálise, dizendo que em Robbe-Grillet o acontecimento nunca é *focalizado*. Basta pensar no que é, em pintura, em Rembrandt, por exemplo, um espaço visivelmente centrado fora da tela: é mais ou menos esse mundo de raios e de difusões que reencontramos nos romances da profundidade.

Aqui, nada disso: a luz é igual, ela não atravessa, ela exibe, o ato não é a resposta espacial a uma fonte secreta. Embora a narração conheça um momento privilegiado (a página branca do meio), ela não é por isso concêntrica: o branco (o crime) não é aqui o núcleo de uma fascinação; é somente o ponto extremo de uma corrida, a baliza de onde a narrativa vai refluir para sua origem. Essa ausência de núcleo profundo contraria a patologia do assassinato; este é desenvolvido segundo vias retóricas, não temáticas, ele se desvenda por tópicos, não por irradiação.

Acabamos de indicar que o crime, aqui, era apenas uma falha do espaço e do tempo (é a mesma coisa, já que o lugar do assassinato, a ilha, nunca é mais do que um mapa de percurso). Todo o esforço do assassino é pois (na segunda parte do romance) no sentido de recobrir o tempo, de reencontrar para ele uma continuidade que será a inocência (esta é evidentemente a própria definição do álibi, mas aqui o encobrimento do tempo não se faz diante de um outrem policial; ele se faz diante de uma consciência puramente intelectiva, que parece debater-se oniricamente nos terrores de um desenho incompleto). Da mesma forma, para que o crime desapareça, os objetos devem perder sua teimosia em se encontrar juntos, constelados; tenta-se fazê-los reintegrar retrospectivamente um puro encadeamento de contiguidade. A procura obstinada de um espaço sem costura (e a bem dizer é somente por seu aniquilamento que conhecemos o crime) se confunde com o próprio apagamento do crime, ou mais exatamente, esse apagamento só existe como uma espécie de verniz artificial estendido retroativamente sobre o dia. De repente, o tempo adquire espessura, e *sabemos* que o crime existe. Mas é então, no momento em que o tempo se sobrecarrega de variações, que ele se reveste de uma qualidade nova, o *natural*: quanto mais o tempo é usado, mais ele parece plausível: Mathias, o viajante assassino, é obrigado a repassar constantemente sua consciência sobre a falha do crime, como se fora um pincel insistente. Robbe-Grillet utiliza nesses momentos um estilo indireto particular (em latim isso daria um belo subjuntivo contínuo, que aliás trairia seu usuário).

Trata-se pois menos de um Olhador do que de um Mentiroso. Ou melhor, à fase de olhar da primeira parte sucede a fase de mentira da segunda: o exercício contínuo da mentira é a única função psicológica que possamos conceder a Mathias, como se, aos olhos de Robbe-Grillet, o psicologismo, a causalidade, a intencionalidade não pudessem atentar contra as bases suficientes dos objetos a não ser sob a forma de crime, e, no crime, de álibi. É ao encobrir minuciosamente seu dia com uma camada cerrada de *natureza* (misto de temporalidade e de causalidade), que Mathias nos descobre (e talvez descubra a si mesmo?) seu crime, pois Mathias é sempre diante de nós uma consciência "refazente". Este é propriamente o tema de Édipo. A diferença é que Édipo reconhece um erro que já foi designado anteriormente à sua descoberta, seu crime faz parte de uma economia mágica da compensação (a Peste de Tebas), enquanto o Olhador revela uma culpabilidade isolada, intelectiva e não moral, que, em nenhum momento, aparece encaixada numa abertura geral do mundo (causalidade, psicologia, sociedade); se o crime é corrupção, aqui ele o é apenas com relação ao tempo – e não a uma interioridade humana: ele é designado não por seus estragos, mas por uma disposição viciosa da duração.

Assim aparece a anedota de *Le Voyeur*: dessocializada e desmoralizada, suspensa à flor dos objetos, coagulada num impossível movimento em direção de sua própria abolição, pois o projeto de Robbe-Grillet é sempre que o universo romanesco se mantenha afinal somente por seus objetos. Como naqueles exercícios perigosos em que o equilibrista se desprende pouco a pouco dos pontos de apoio parasitas, a fábula é pois pouco a pouco reduzida, rarefeita. O ideal seria evidentemente passar sem ela; e se em *Le Voyeur* ela existe ainda, é antes corno *lugar* de uma história possível (o grau zero da história, ou o *maná* segundo Lévi-Strauss), a fim de evitar ao leitor os efeitos por demais brutais de sua pura negatividade.

Naturalmente, a tentativa de Robbe-Grillet procede de um formalismo radical. Mas, em literatura, esta é uma censura ambígua, pois a literatura é por definição formal: não há meio-termo entre o naufrágio do escritor e seu estetismo, e se julgamos as pesquisas formais nocivas o que devemos proibir é que se escreva, não que se pesquise. Pode-se dizer, pelo contrário, que a formalização do romance, tal como

Robbe-Grillet a busca, só tem valor se for radical, isto é, se o romancista tiver a coragem de postular tendenciosamente um romance sem conteúdo, pelo menos durante toda a duração em que ele deseja levantar radicalmente as hipotecas de um psicologismo burguês: uma interpretação metafísica ou moral de *Le Voyeur* é sem dúvida possível (a crítica deu a prova disso), na medida em que o estado zero da anedota libera, num leitor confiante demais em si próprio, toda espécie de investimento metafísico: é sempre possível ocupar a *letra* da narrativa com uma espiritualidade implícita e transformar uma literatura da pura constatação em literatura do protesto ou do grito; por definição, uma se oferece à outra. Por minha parte, creio que seria tirar todo interesse de *Le Voyeur*. É um livro que só pode sustentar-se como exercício absoluto de negação, e é a esse título que pode tomar lugar naquela zona muito estreita, naquela vertigem rara em que a literatura quer destruir-se sem o poder, e se agarra num mesmo movimento, destrutora e destruída. Poucas obras entram nessa margem mortal mas são sem dúvida, hoje, as únicas que contam: na conjuntura social dos tempos presentes, a literatura não pode estar ao mesmo tempo acomodada ao mundo e adiantada com relação a ele, como convém a toda arte da superação, a não ser num estado de pré-suicídio permanente; ela só pode existir sob a figura de seu próprio problema, castigadora e perseguidora de si mesmo. Senão, qualquer que seja a generosidade ou a exatidão de seu conteúdo, ela termina sempre por sucumbir sob o peso de uma forma tradicional que a compromete na medida em que ela serve de álibi à sociedade alienada que a produz, a consome e a justifica. *Le Voyeur* não pode se separar do estatuto, por enquanto constitutivamente reacionário da literatura, mas tentando asseptizar a própria forma da narrativa, ele prepara talvez, sem o realizar ainda, um *descondicionamento* do leitor com relação à arte essencialista do romance burguês. É pelo menos a hipótese que este livro permite propor.

UMA CONCLUSÃO SOBRE ROBBE-GRILLET?

"Não lhes dê nome... Eles poderiam ter tido tantas outras aventuras" (O *ano passado em Marienbad*).

O realismo literário sempre se apresentou como um certo modo de copiar o real[1]. Tudo se passa como se houvesse de um lado o real e de outro a linguagem, como se um fosse antecedente ao outro e que a linguagem tivesse por tarefa, de certa forma, correr atrás do real até o apanhar. O real que se oferece ao escritor pode ser, sem dúvida, múltiplo: aqui psicológico, lá teológico, social, político, histórico ou mesmo imaginário, cada um por sua vez destronando o outro; esses reais têm entretanto um traço comum, que explica a constância de sua projeção: parecem ser todos, e imediatamente, penetrados de sentido: uma paixão, um erro, um conflito, um sonho, remetem fatalmente a uma certa transcendência,

1. Prefácio a: Bruce Morrissette, *Les romans de Robbe-Grillet*, Paris, Ed. de Minuit (1963), 223 pp.

alma, divindade, sociedade ou sobrenatural, de modo que toda a nossa literatura realista é não só analógica, mas ainda significante.

Entre todos esses reais, psicológicos e sociais, o objeto ele próprio não tinha um lugar original; durante muito tempo, a literatura só tratou de um mundo de relações inter--humanas (em *Les Liaisons dangereuses* quando se fala de uma harpa é que ela serve para esconder um bilhete amoroso); e quando as coisas, ferramentas, espetáculos ou substâncias, começaram a aparecer com certa abundância nos romances, foi a título de elementos estéticos ou de índices humanos, para melhor remeter a algum estado de alma (paisagem romântica) ou a alguma miséria social (detalhe realista). Sabe-se que a obra de Robbe-Grillet trata desse problema do objeto literário. Serão as coisas indutoras de sentido, ou pelo contrário serão "opacas"? O escritor pode e deve descrever um objeto sem o remeter a qualquer transcendência humana? Significantes ou insignificantes, qual é a função dos objetos na narrativa romanesca? Em que o modo como os descrevemos modifica o sentido da história? A consistência da personagem? A própria relação com a ideia de literatura? Agora que essa obra se desenvolveu e que o cinema lhe deu um novo alento e um segundo público, são perguntas que podemos fazer-lhe de modo novo. Segundo a resposta, perceberemos logo que dispomos, com a ajuda do próprio Robbe-Grillet, de *dois* Robbe-Grillet: de um lado o Robbe--Grillet das coisas imediatas, destruidor de sentidos, esboçado sobretudo pela primeira crítica; e de outro, o Robbe-Grillet das coisas mediatas, criador de sentidos, do qual Bruce Morrissette se faz o analista.

O primeiro Robbe-Grillet (não se trata aqui de uma anterioridade temporal, mas somente de uma ordem de classificação), o primeiro Robbe-Grillet decide que as coisas não significam nada, nem mesmo o absurdo (acrescenta ele com muita razão), pois é evidente que a ausência de sentido pode muito bem ser um sentido. Mas como essas mesmas coisas estão enfiadas embaixo de um monte de sentidos variados, com os quais os homens, através das sensibilidades, das poesias e dos diferentes usos impregnou o nome de todo objeto, o trabalho do romancista é de certa forma catártico: purifica as coisas do sentido indevido que os homens depositam incessantemente nelas. Como? Evidentemente pela descrição. Robbe-Grillet produz pois descrições de objetos suficientemente geométricas para desencorajar toda indução de um sentido poético da coisa; e suficientemente minuciosas para cortar a fascinação da narrativa; mas por isso mesmo, encontra o realismo; como os realistas, ele copia, ou pelo menos parece copiar um modelo; em termos formais, poder-se-ia dizer que ele faz como se o romance fosse apenas o acontecimento que vem concluir uma estrutura antecedente; pouco importa que essa estrutura seja *verdadeira* ou não, e que o realismo de Robbe-Grillet seja objetivo ou subjetivo; pois o que define o realismo não é a origem do modelo, é sua exterioridade com relação à palavra que o realiza. De um lado o realismo desse primeiro Robbe-Grillet permanece clássico porque se funda numa relação de analogia (a fatia de tomate descrita por Robbe-Grillet se assemelha à fatia de tomate real); por outro lado, ele é novo, porque essa analogia não remete a nenhuma transcendência, mas pretende sobreviver fechada nela própria, satisfeita quando designou necessária e suficientemente o por demais famoso *estar-ali* da coisa (essa fatia de tomate é descrita de tal modo que não pretende provocar nem desejo, nem repulsa, e não significar nem a estação, nem o lugar, nem mesmo a comida).

É evidente que a descrição não pode nem esgotar o tecido do romance, nem satisfazer o interesse que dele se espera tradicionalmente: existem muitos outros gêneros além da descrição nos romances de Robbe-Grillet. Mas é evidente também que um pequeno número de descrições ao mesmo tempo analógicas e insignificantes, segundo o lugar que o autor lhes dá e as variações que nelas introduz, basta para modificar completamente o sentido geral do romance. Todo romance é um organismo inteligível de uma infinita sensibilidade: o menor ponto de opacidade, a menor resistência (muda) ao desejo que anima e arrebata toda leitura, constitui um *espanto* que se derrama sobre o conjunto da obra. Os famosos objetos de Robbe-Grillet não têm portanto qualquer valor antológico; eles engajam verdadeiramente a própria anedota, e as personagens que ela reúne numa espécie de silêncio da significação. Eis por que a concepção que se pode ter de um Robbe-Grillet "coisista" não pode ser senão unitária, e por assim dizer totalitária: há uma recorrência fatal da insignificância das coisas à insignificância das situações e dos homens. É com efeito bastante possível ler a obra toda de Robbe-Grillet (pelo menos até *Dans le labyrinthe*) de um modo opaco; basta ficar na superfície do texto, estando bem entendido que uma leitura *superficial* não poderia mais ser condenada em nome dos antigos valores de interioridade. É até mesmo, com certeza, o mérito desse primeiro Robbe--Grillet (por fictício que fosse) o de desmistificar as qualidades pretensamente naturais da literatura de introspecção (sendo o *profundo*, por direito, considerado preferível ao *superficial*) em proveito de um *estar-ali* do texto (que não se deve de modo algum confundir com o *estar-ali* da própria coisa), e de recusar de certa forma ao leitor o gozo de um mundo "rico", "profundo", "secreto", em suma, significante. É evidente que, segundo Robbe-Grillet nº 1, o estado neurótico ou patológico de suas personagens (um edipiano, outro sádico e o terceiro obcecado) não tem de modo algum o valor tradicional de um *conteúdo*, do qual os elementos do romance seriam os símbolos mais ou menos mediatos, e que se ofereceriam à decifração do leitor (ou do crítico): esse estado é apenas o termo puramente formal de uma função: Robbe--Grillet parece então manejar um certo conteúdo porque não há literatura sem signo e signo sem significado; mas toda a sua arte consiste justamente em *decepcionar* o sentido ao mesmo tempo que o abre. Nomear um conteúdo, falar de loucura, sadismo ou mesmo de ciúme, é pois ultrapassar o que se poderia chamar o melhor nível de percepção do romance, aquele em que ele é perfeita e imediatamente inteligível, assim como olhar uma reprodução fotográfica de muito perto é sem dúvida penetrar em seu segredo tipográfico, mas é também não compreender mais nada do objeto que ela representa. É óbvio que essa *decepção* do sentido, se ela é autêntica, não seria de modo algum gratuita: provocar o sentido para o deter não é mais que prolongar uma experiência que tem sua origem moderna na atividade surrealista e que engaja o próprio ser da literatura, isto é finalmente a função antropológica que ela detém no seio da sociedade histórica inteira. Tal é a imagem do Robbe-Grillet nº 1 que se pode formar a partir de certos escritos teóricos e dos romances, a que se deve acrescentar em geral os comentários da primeira hora.

Desses mesmos escritos e desses mesmos romances (mas não, é claro, desses mesmos comentários), pode-se aliás muito bem tirar a imagem de um Robbe-Grillet nº 2, não mais "coisista" mas "humanista", já que os objetos, sem por isso voltarem a ser símbolos, no sentido forte do termo, reencontram aí uma função mediadora em direção de "outra coisa". Dessa segunda imagem, Bruce Morrissette se fez, ao longo de seu estudo, o construtor minucioso. Seu método é ao mesmo tempo descritivo e comparativo: por um lado, ele *conta* pacientemente os romances de Robbe-Grillet, e essa narrativa lhe serve para reconstituir o arranjo frequentemente muito astuto desses episódios, isto é, em suma, a estrutura da obra, da qual ninguém tinha cuidado até então; e por outro lado, uma ciência extensa lhe permite ligar esses episódios (cenas ou descrições de objetos) a modelos, a arquétipos, a fontes, a ecos, e restabelecer assim a continuidade cultural que une uma obra considerada "opaca" a todo um contexto literário, e por conseguinte humano. O método de Bruce Morrissette produz com efeito uma imagem "integrada" de Robbe-Grillet, ou melhor, reconciliada com os fins tradicionais do romance; ela reduz, sem dúvida, a parte revolucionária da obra, mas estabelece em compensação as razões excelentes que o público pode ter para reencontrar-se em Robbe-Grillet (e o êxito crítico de *Dans le labyrinthe*, a carreira pública de *Marienbad* parecem dar-lhe toda a razão). Esse Robbe-Grillet nº 2 não diz como Chenier: *Sobre pensamentos novos, façamos versos antigos*[2]. Diz pelo contrário: *Sobre pensamentos velhos, façamos novos romances*.

Em que se baseia essa reconciliação? Primeiramente, é claro, sobre aqueles famosos "objetos" cujo caráter neutro e

2. *"Sur des pensers nouveaux, faisons des vers antiques".*

insignificante acreditamos primeiramente poder afirmar. Bruce Morrissette reconhece a originalidade da visão robbe-grilletiana das coisas, mas não acha que nesse universo o objeto esteja cortado de qualquer referências e que cesse radicalmente de ser um signo; ele não encontra nenhuma dificuldade em localizar, nas coleções de Robbe-Grillet, alguns objetos senão obsessivos, pelo menos suficientemente repetidos para induzir a um sentido (pois o que se repete é considerado como significativo). A borracha (de *Les Gommes*), a cordinha (de *Le Voyeur*), a centopeia (de *La Jalousie*), esses objetos, retomados, variados ao longo do romance, ligam-se todos a um ato, criminoso ou sexual, e para além desse ato, a uma interioridade. Bruce Morrissette não se permite, porém, ver neles símbolos; de um modo mais contido (mas talvez um pouco especioso?), ele prefere defini-los como suportes de sensações, sentimentos, lembranças; desse modo, o objeto se torna um elemento de contraponto da obra; faz parte da história a mesmo título que uma peripécia, e é certamente uma das grandes contribuições de Bruce Morrissette à crítica de Robbe-Grillet o fato de ter sabido reencontrar uma narrativa em cada um desses romances; graças a esses resumos minuciosos, escrupulosos, Bruce Morrissette mostra muito bem que o romance de Robbe-Grillet é uma "história", e que essa história tem um sentido: edipiano, sádico, obsessivo, ou mesmo simplesmente literário, se *Dans le Labyrinthe*, como ele pensa, é a história de uma criação; sem dúvida essa "história" não é composta de modo tradicional, e Bruce Morrissette, atento ao modernismo da técnica, põe muito bem em relevo as variações e as complexidades do "ponto de vista" narrativo, as distorções impostas por Robbe-Grillet à cronologia e sua recusa da análise psicológica (mas não da psicologia). Disso resulta, porém, que, provido novamente de uma história, de uma psicologia (patológica) e de um material, senão simbólico, pelo menos referencial, o romance robbe-grilletiano não é mais aquela projeção "plana" da primeira crítica: é um objeto pleno, e cheio de segredos; então a crítica deve por-se à perscrutar o que há por detrás desse objeto e em torno dele: ela se torna decifradora: procura "chaves" (e em geral as encontra). Foi o que fez Bruce

Morrissette com os romances de Robbe-Grillet: reconhecer-se-á a coragem do crítico que ousa imediatamente, e a propósito de um escritor não só contemporâneo mas ainda muito jovem, usar um método de deciframento que levou entre nós cerca de meio século para ser aplicado a autores como Nerval e Rimbaud.

Entre os dois Robbe-Grillet, o Robbe-Grillet nº 1, "coisista", e o Robbe-Grillet nº 2, "humanista", entre aquele da primeiríssima crítica e a de Bruce Morrissette, será preciso escolher? Robbe-Grillet ele próprio não ajudará nada nesse sentido; como todo autor, e a despeito de suas declarações teóricas, ele é acerca de sua própria obra, constitutivamente ambíguo: além disso, é evidente, sua obra muda, e é um direito seu. E é, no fundo, essa ambiguidade que interessa, é ela que nos concerne, é ela que carrega o sentido histórico de uma obra que parece recusar peremptoriamente a história. Qual é esse sentido? O próprio avesso do sentido, isto é, uma *pergunta*. O que significam as coisas, o que significa o mundo? Toda literatura é essa pergunta, mas é preciso imeditamente acrescentar, pois é o que faz sua especialidade: *é essa pergunta menos sua resposta*. Nenhuma literatura, no mundo, jamais respondeu à pergunta que fazia, e é esse próprio *suspense* que sempre a constituiu como literatura: ela é aquela fragílima linguagem de que os homens dispõem entre a violência da pergunta e o silêncio da resposta: ao mesmo tempo religiosa e crítica, na medida em que ela interroga, ela é ao mesmo tempo irreligiosa e conservadora enquanto não responde: pergunta ela própria, é a pergunta que os séculos nela interrogam, não a resposta. Que deus, dizia Valéry, ousaria tomar por divisa: *Eu decepciono*? A literatura seria esse deus; talvez seja possível um dia descrever toda a literatura como a arte da decepção. A história da literatura não será então mais a história das respostas contraditórias trazidas pelos escritores à pergunta do sentido, mas pelo contrário a história da própria pergunta.

Pois é evidente que a literatura não saberia fazer diretamente a pergunta que a constitui e que sozinha a constitui: ela nunca pôde e nunca poderá estender sua interpelação à duração do discurso, sem passar pelo crivo de certas técnicas; e se a história da literatura é definitivamente a história dessas técnicas, não é porque a literatura seja apenas técnica (como se pretendia dizer no tempo da *arte pela arte*), mas porque a técnica é o único poder capaz de suspender o sentido do mundo e manter aberta a pergunta imperiosa que lhe é dirigida; pois não é *responder* que é difícil, é questionar, é falar perguntando. Desse ponto de vista, a técnica de Robbe-Grillét foi, em dado momento, radical: quando o autor pensava que era possível "matar" diretamente o sentido, de modo que a obra só deixasse filtrar o espanto fundamental que a constitui (pois escrever não é afirmar, é espantar-se). A originalidade da tentativa vinha então do fato de a pergunta não estar enfeitada com nenhuma falsa resposta, sem por isso, está claro, ser formulada em termos de pergunta; o erro (teórico) de Robbe-Grillet era somente o de acreditar que existe um *estar-ali* das coisas antecedente e exterior à linguagem, que a literatura se encarregaria, pensava ele, de reencontrar num último impulso de realismo. De fato, antropologicamente, as coisas significam imediatamente, sempre e com pleno direito; e é precisamente porque a significação é sua condição de certo modo "natural", que ao despojá-las simplesmente de seu sentido, a literatura pode afirmar-se como um artifício admirável: se a "natureza" é significativa, um certo cúmulo de "cultura" seria fazê-la "dessignificar". Daí, em todo rigor, essas descrições opacas de objetos, essas anedotas recitadas "na superfície", essas personagens sem confidencia, que fazem, pelo menos segundo certa leitura, o estilo, ou, se se preferir, a escolha de Robbe-Grillet.

Entretanto essas formas vazias atraem irresistivelmente um conteúdo, e veem-se pouco a pouco, na crítica, na própria obra do autor, tentações de sentimentos, voltas arquetípicas, fragmentos de símbolos, em suma, tudo o que pertence ao reino do adjetivo, insinuar-se no soberbo *estar-ali* das coisas. Nesse sentido, há uma evolução da obra de Robbe-Grillet, que é feita paradoxalmente ao mesmo tempo pelo autor, pela crítica e pelo público: fazemos todos parte de Robbe-Grillet, na medida em que nos empenhamos todos a re-inflar o sentido das coisas, assim que ele se abre diante de nós. Considerada em seu desenvolvimento e em seu futuro (que não saberíamos prever), a obra de Robbe-Grillet torna-se então a *prova do sentido* vivida por uma certa sociedade, e a história dessa obra será, de certa forma, a história dessa sociedade. Já está voltando o sentido: expulso da famosa fatia de tomate de *Les Gommes* (mas sem dúvida já presente na própria borracha, como o mostra Bruce Morrissette), ele invade *Marienbad*, seus jardins, seus lambris, seus mantos de plumas. Somente, deixando de ser nulo, o sentido é ainda aqui diversamente conjetural: toda a gente explicou *Marienbad*, mas cada explicação era um sentido imediatamente contestado pelo sentido vizinho: o sentido não é mais decepcionado, mas continua no entanto suspenso. E se é verdade que cada romance de Robbe-Grillet contém "em abismo" seu próprio símbolo, não há dúvida de que a última alegoria dessa obra seja aquela estátua de Carlos III e de sua esposa, sobre a qual se interrogam os amantes de *Marienbad*: admirável símbolo, aliás, não só porque a própria estátua é indutora de diferentes sentidos, incertos e no entanto nomeados (*é você, sou eu, são deuses antigos, Helena, Agamênon* etc.) mas ainda porque o príncipe e sua esposa designam com o dedo, de modo certo, um objeto incerto (situado na fábula? no jardim? na sala?): isto, dizem eles. Mas o quê, *isto?* Toda a literatura está talvez nessa anáfora leve que ao mesmo tempo designa e se cala.

LITERATURA E DESCONTÍNUO

Por detrás de toda recusa coletiva da crítica regular para com um livro, é preciso procurar *aquilo que foi ferido*[1]. O que *Mobile* feriu é a própria ideia do Livro. Uma coletânea – e ainda pior, pois a coletânea é um gênero menor mas aceito –, uma série de frases, de citações, de extratos de imprensa, de alíneas, de palavras, de grandes maiúsculas dispersas na superfície frequentemente pouco preenchida da página, tudo isso concernindo um objeto (a América) cujas partes elas próprias (os Estados da União) são apresentadas na mais insípida das ordens, que é a ordem alfabética, eis uma técnica de exposição indigna do modo como nossos ancestrais nos ensinaram a fazer um livro.

O que agrava o caso de *Mobile* é que a liberdade tomada pelo autor com relação ao Livro aplica-se paradoxalmente a um gênero pelo qual a sociedade mostra o maior liberalismo, e que é a *impressão de viagem*. Admite-se que uma viagem

---

1. A propósito de: Michel Butor, *Mobile*, Gallimard, 1962.

seja contada livremente, dia a dia, em toda subjetividade, à maneira de um diário íntimo, cujo tecido é incessantemente rompido pela pressão dos dias, das sensações e das ideias: uma viagem pode ser escrita em frases elípticas (*Ontem, comi uma laranja em Sibari*), sendo o estilo telegráfico perfeitamente santificado pelo "natural" do gênero. Ora, a sociedade tolera mal que se acrescente à liberdade que ela dá uma liberdade que se toma. Numa literatura em que cada coisa está em seu lugar, e onde não há segurança, nem moral, ou mais exatamente ainda (pois ela é feita de uma mistura retorcida de uma e outra), nem *higiene*, como se disse, fora dessa ordem, é a poesia e a poesia somente que tem por função recolher todos os fatos de subversão concernentes à materialidade do Livro: desde o *Coup de dés*, e os *Calligrammes*, ninguém pode encontrar objeções à "excentricidade" tipográfica ou à "desordem" retórica de uma "composição" poética. Reconhece-se aqui uma técnica familiar das boas sociedades: *fixar* a liberdade, à moda de um abscesso; em consequência, afora a poesia, nenhum atentado ao Livro pode ser tolerado.

A ferida era tanto mais aguda quanto era voluntária a infração. *Mobile* não é um livro "natural" ou "familiar"; não se trata de "notas de viagem", nem mesmo de um "fichário" constituído por materiais diversos e cuja diversidade será aceita se se puder chamar o livro de, por exemplo, *scraps-book* (pois nomear exorciza). Trata-se de uma composição pensada: primeiramente em sua amplidão, que a aparentaria àqueles grandes poemas dos quais não temos mais nenhuma ideia, e que eram a epopeia ou o poema didático; em seguida em sua estrutura, que não é nem narrativa nem adição de notas, mas combinatória de unidades escolhidas (a isso voltaremos); afinal, em seu próprio fecho, já que o objeto tratado é definido por um número (os Estados da União) e que o livro termina quando esse número foi honrado. Se portanto *Mobile* peca com relação à ideia consagrada (isto é, sagrada) do Livro, não é por negligência, é em nome de uma outra ideia de um outro Livro. Qual? Antes de o ver, é preciso tirar da querela de *Mobile* dois ensinamentos concernentes à natureza tradicional do livro.

O primeiro é que toda sacudida imposta por um autor às normas tipográficas de uma obra constitui um estremecimento essencial: escalonar palavras isoladas sobre uma página, misturar o itálico, o romano e a maiúscula segundo um projeto que não é visivelmente o da demonstração intelectual (pois quando se trata de *ensinar* o inglês aos escolares, admite-se muito bem a bela excentricidade tipográfica do Carpentier-Fialip), romper materialmente o fio da frase por alíneas disparatadas, igualar em importância uma palavra e uma frase, todas essas liberdades concorrem em suma para a própria destruição do Livro: *o Livro-Objeto confunde-se materialmente com o Livro-Ideia*, a técnica de impressão com a instituição literária, de sorte que atentar contra a regularidade material da obra é visar à própria ideia da literatura. Em suma, as formas tipográficas são uma garantia do fundo: a impressão normal atesta a normalidade do discurso; dizer de *Mobile* que "*não é um livro*" é evidentemente encerrar o ser e o sentido da literatura num puro protocolo, como se esta mesma literatura fosse um rito que perdesse toda eficacidade no dia em que se faltasse formalmente a uma de suas regras: o livro é uma missa; pouco importa que ela seja dita com piedade, contanto que tudo se desenrole *nu ordem*.

Se tudo o que se passa na superfície da página desperta uma suscetibilidade tão viva, é evidentemente porque essa superfície é depositária de um valor essencial, que é o *contínuo* do discurso literário (e este será o segundo ensinamento de nossa querela). O Livro (tradicional) é um objeto que *encadeia, desenvolve, desliza* e *escorre*, em suma, tem o mais profundo horror do vazio. As benéficas metáforas do Livro são o tecido que se tece, a água que corre, a farinha que se mói, o caminho que se segue, a cortina que desvenda etc.; as metáforas antipáticas são todas aquelas de um objeto que se fabrica, isto é, que se monta a partir de materiais descontínuos: aqui, o escorrer das substâncias vivas, orgânicas, a encantadora imprevisão dos encadeamentos espontâneos; ali, o ingrato, o estéril das construções mecânicas, das máquinas estridentes e frias (é o tema do *laborioso*). Pois o que se esconde por detrás dessa condenação do descontínuo é evidentemente o mito da própria Vida: o Livro deve "escorrer" porque no fundo, apesar de séculos de intelectualismo, a crítica quer que a literatura seja sempre uma atividade espontânea, graciosa, outorgada por um deus, uma musa, e se a musa ou o deus são pouco reticentes, é preciso pelo menos "esconder seu trabalho": escrever é fazer escorrer palavras no interior dessa grande categoria do contínuo, que é a narrativa; toda Literatura, mesmo se ela é impressiva ou intelectual (é preciso sempre tolerar alguns parentes pobres do romance), deve ser uma narrativa, uma fluência de palavras a serviço de um acontecimento ou de uma ideia que "segue seu caminho" para seu desenlace ou sua conclusão: não "recitar" seu objeto é, para o Livro, suicidar-se.

É por isso que, aos olhos de nossa crítica regular, guardiã do Livro sagrado, toda explicação analítica da obra é no fundo malvista. A obra contínua deve corresponder uma crítica cosmética, que recobre a obra sem a dividir; as duas operações recomendadas são": resumir e julgar; mas não é bom decompor o livro em partes muito pequenas: isto é bizantino, isto destrói a vida inefável da obra (compreendam: seu *fio*, seu barulho de fonte, garantia de sua vida); toda suspeita ligada à crítica temática ou estrutural vem daí: dividir é dissecar, é destruir, é profanar o "mistério" do livro, isto é, seu contínuo. Sem dúvida, nosso crítico esteve na escola, onde lhe ensinaram a fazer "planos" e a encontrar o "plano" dos outros; mas as divisões do "plano" (três ou quatro no máximo) são as grandes etapas do caminho, isto é tudo; o que está abaixo do plano é o *detalhe*: o *detalhe* não é um material fundamental, é uma moeda inessencial: trocam-se as grandes ideias em "detalhes" sem poder imaginar por um instante sequer que as grandes ideias possam nascer do simples arranjo dos "detalhes". A paráfrase é pois a operação razoável de um crítico que exige do livro, antes de tudo, que ele seja contínuo: "acaricia-se" o livro, assim como se pede ao livro que "acaricie" com sua fala contínua a vida, a alma, o mal etc. Isto explica que o livro descontínuo não é tolerado a não ser em empregos bem reservados: ou como recolha de fragmentos (Heráclito, Pascal), o caráter *inacabado* da obra (mas trata-se no fundo de obras inacabadas?) corroborando em suma *a contrario* a excelência do contínuo, fora do qual há por vezes esboço, mas nunca perfeição; ou como coletânea de aforismos, pois o aforismo é um pequeno contínuo pleno, a afirmação teatral de que o vazio é horrível. Em suma, para ser Livro, para satisfazer documente à sua essência de Livro, o livro deve ou escorrer como uma narrativa ou brilhar como um estilhaço. Fora desses dois regimes, existe atentado ao Livro, infração pouco apetitosa contra a higiene das Letras.

Em face desse problema do contínuo, o autor de *Mobile* procedeu a uma inversão rigorosa dos valores retóricos. Que diz a retórica tradicional? Que é preciso construir uma obra por grandes massas e deixar correr o detalhe: cumprimento de chapéu ao "plano geral", negação desdenhosa de que a ideia possa desmembrar-se para além da alínea; eis por que toda a nossa arte de escrever se fundamenta na noção de *desenvolvimento*: uma ideia "se desenvolve" e esse desenvolvimento constitui uma parte do plano; assim o livro sempre é composto de modo muito tranquilizador, com *um pequeno número de ideias bem desenvolvidas*. (Poder-se-ia, sem dúvida, perguntar o que é um "desenvolvimento", contestar a própria noção, reconhecer seu caráter mítico e afirmar, pelo contrário, que há profunda solidão, opacidade da verdadeira ideia, e por isso o livro essencial, se é que existe uma essência do Livro – seria precisamente os *Pensamentos* de Pascal, que não "desenvolvem" absolutamente nada. Ora, é precisamente essa ordem retórica que o autor de *Mobile* derrubou: em *Mobile*, o "plano geral" é nulo e o detalhe elevado à categoria de estrutura; as ideias não são "desenvolvidas" mas distribuídas.

Apresentar a América sem nenhum plano "racional", como aliás realizar para qualquer objeto um plano nulo é coisa muito difícil, pois toda ordem tem um sentido, mesmo que seja o de ausência de ordem, que tem um nome: desordem. Dizer um objeto sem ordem e sem desordem é uma aposta. Será pois necessário? Pode ser que sim, na medida em que toda classificação, qualquer que seja, é responsável por um sentido.

Começa-se a saber, um pouco depois de Durkheim, muito depois de Claude Levi-Strauss que a taxinomia pode ser uma parte importante do estudo das sociedades: *diga-me como classificas, eu te direi quem és*; numa certa escala, não há planos nem naturais, nem racionais, mas somente planos "culturais", nos quais se investe, quer uma representação coletiva do mundo, quer uma imaginação individual, que se poderia chamar imaginação taxinômica, cujo estudo está por fazer, mas da qual um homem como Fourier forneceria um grande exemplo.

Já que, portanto, *toda* classificação engaja, já que os homens dão fatalmente um sentido às formas (e existe forma mais pura do que uma classificação?), a *neutralidade* de uma ordem se torna não só um problema adulto, mas ainda um problema estético difícil de resolver. Parecerá irrisório (e provocante) sugerir que a ordem alfabética (que o autor usou em parte para apresentar os Estados da União, pelo que foi censurado) é uma ordem inteligente, isto é, uma ordem atenta a um pensamento estético do inteligível. Entretanto o alfabeto – sem falar do sentido de profunda circularidade que se lhe pode conferir, e de que dá testemunho a metáfora mística do alfa e do ômega – o alfabeto é um meio de institucionalizar o grau zero das classificações; nós nos espantamos com isso porque nossa sociedade sempre deu um privilégio exorbitante aos signos plenos e confunde grosseiramente o grau zero das coisas com sua negação: entre nós, há pouco lugar e pouca consideração pelo *neutro*, que é sempre sentido *moralmente* como uma impotência de ser ou de destruir. Pode-se entretanto considerar a noção de *maná* como um grau zero da significação, e isso basta para dizer da importância do *neutro* numa parte do pensamento humano.

É óbvio que em *Mobile* a apresentação alfabética dos Estados da União significa algo por sua vez, na medida em que recusa todas as outras classificações, de tipo geográfico ou pitoresco, por exemplo; ela lembra ao leitor a natureza federal, portanto arbitrária, do país descrito, dá-lhe ao longo de todo o livro aquele ar cívico, que vem do fato de os Estados Unidos serem um país construído, uma lista de unidades, das quais nenhuma tem procedência sobre as outras. Procedendo em seu tempo a um "ensaio de representação" da França, Michelet também organizava nosso país como um corpo químico, o negativo no centro, as partes ativas nas bordas, equilibrando-se através daquele vazio central, *neutro* precisamente (pois Michelet não temia o neutro), de onde saíra a realeza; para os Estados Unidos, nada de tal é possível: os Estados Unidos são uma adição de estrelas: o alfabeto consagra aqui uma história, um pensamento mítico, um sentimento cívico; é no fundo a classificação da apropriação, aquela das enciclopédias, isto é, de todo saber que quer dominar o plural das coisas sem entretanto confundi-las, e é verdade que os Estados Unidos se conquistaram como uma matéria enciclopédica, coisa após coisa, Estado após Estado.

Formalmente, a ordem alfabética tem outra virtude: quebrando, recusando as afinidades "naturais" dos Estados, ela obriga a descobrir outras relações entre eles, tão inteligentes quanto as primeiras, já que o sentido de toda essa combinatória de territórios veio *depois*, após eles terem sido alinhados na bela lista alfabética da Constituição. Em suma, a ordem das letras diz que, nos Estados Unidos, não há contiguidade dos espaços abstratos; olhem o mapa dos Estados (no começo de *Mobile*): que ordem seguir? Mal ele parte, o dedo se embaraça, perde-se a conta: a contiguidade "natural" é nula; mas, por isso mesmo, nasce a contiguidade poética, muito forte, que obriga uma imagem a saltar do Alabama ao Alasca, de Clinton (Kentucky) à Clinton (Indiana) etc., sob a pressão daquela verdade das formas, das aproximações literais cujo poder heurístico toda a poesia moderna nos ensinou: se Alabama e Alasca não fossem tão próximos parentes alfabéticos, como estariam confundidos nessa noite mesma e outra, simultânea e entretanto dividida por todo um dia?

A classificação alfabética é por vezes completada por outras associações de espaços igualmente formais. Não faltam nos Estados Unidos cidades com o mesmo nome; com relação ao *verdadeiro do coração humano*, essa circunstância é bem fútil; o autor de *Mobile* prestou-lhe no entanto a maior atenção; num continente marcado por uma crise permanente de identidade, a penúria dos nomes próprios participa profundamente do fato americano: um continente grande demais, um léxico pequeno demais, toda uma parte da América está nesse atrito estranho das coisas e das palavras. Encadeando as cidades homônimas, submetendo a contiguidade espacial à pura identidade fônica, o autor de *Mobile* não faz mais do que *revelar* um certo segredo das coisas; e é nisso que ele é escritor; o escritor não é definido pelo emprego de ferramentas especializadas que evidenciam a literatura (*discurso, poema, conceito, ritmo, tirada espirituosa, metáfora,* segundo o catálogo peremptório de um de nossos críticos), salvo se se considera a literatura como um objeto de higiene, mas pelo poder se *surpreender* nos refolhos de uma forma, qualquer que seja, um conluio particular do homem com a natureza, isto é, um sentido: e nessa "surpresa", a forma guia, a forma vigia, instrui, sabe, pensa, engaja; eis por que ela não pode ter outro juiz senão aquele que ela encontra; e aqui, o que ela encontra é um certo *saber* concernente à América. Que esse saber não seja enunciado em termos intelectuais mas segundo uma tabela particular de signos, é precisamente isto a literatura: um código cujo deciframento é preciso aceitar. Em fim de contas, *Mobile* é mais difícil de compreender, seu saber de reconstituir, do que o código retórico ou precioso do século XVII? É verdade que naquela época o leitor aceitava aprender a ler: não parecia exorbitante conhecer a mitologia ou a retórica para receber o sentido de um poema ou de um discurso.

A ordem fragmentária de *Mobile* tem um outro alcance. Destruindo no discurso a noção de "parte", ele remete a uma mobilidade infinitamente sensível de elementos fechados. Quais são esses elementos? Eles não têm forma em si; não são ideias ou imagens, ou sensações, ou mesmo notações, pois não saem de um projeto de restituição do vivido; trata-se aqui de uma enumeração de objetos sinaléticos, ali de um recorte de imprensa, mais adiante de um parágrafo de livro, de uma citação de folheto, além, afinal, menos do que tudo isso, o nome de um sorvete, a cor de um automóvel ou de uma camisa, ou mesmo um simples nome próprio. Dir-se-ia que o escritor procede a "tomadas", a levantamentos variados, sem nenhuma atenção para com sua origem material. Entretanto essas tomadas sem forma estável, por mais anárquicas que pareçam no nível do *detalhe* (já que, sem transcendência retórica, elas não passam precisamente de detalhes), reencontram paradoxalmente uma unidade de objeto no nível mais largo que existe, o mais intelectual, poderíamos dizer, que é o da história. Os levantamentos de unidades se fazem sempre, com uma notável constância, em três "pacotes": os índios, 1890, hoje. A representação que *Mobile* nos dá da América não é pois absolutamente modernista; é uma representação profunda, na qual a dimensão perspectiva é constituída pelo passado. Esse passado é sem dúvida curto, seus momentos principais se tocam, não há muita distância do peiote aos sorvetes Howard Johnson. A bem dizer, aliás, a extensão da diacronia americana não tem importância: o importante é que, misturando incessantemente *ex abrupto* a história de índio, o guia turístico de 1890 e os carros coloridos de hoje, o autor percebe e dá a perceber a América numa perspectiva *sonhadora*, com uma única ressalva, original em se tratando da América, a saber que o sonho não é aqui exótico mas histórico: *Mobile* é uma *anamnese* profunda, tanto mais singular por provir de um francês, isto é, de um escritor saído de uma nação que tem ela própria ampla matéria a lembrar, e que ela se aplica a um país mitologicamente "novo"; *Mobile* desfaz assim a função tradicional do europeu na América, que consiste em se espantar, em nome de seu próprio passado, de descobrir um país sem enraizamento, para melhor poder descrever as surpresas de uma civilização ao mesmo tempo provida de técnica e privada de cultura.

Ora, *Mobile* dá à América uma cultura. Sem dúvida esse discurso a-retórico, quebrado, enumerativo, não disserta sobre valores: é precisamente porque a cultura americana não é nem moralista, nem literária, mas paradoxalmente, apesar do estado altamente técnico do país, "natural", isto é, em suma naturalista: em nenhum país do mundo, talvez, a natureza, no sentido quase romântico do termo, é tão visível (só na América se ouvem cantar tantos pássaros); o autor de *Mobile* nos diz que o primeiro monumento da cultura americana é precisamente a obra de Audubon, isto é, uma flora e uma fauna *representadas* pela mão de um artista fora de qualquer assinatura de escola. Esse fato é de certo modo simbólico: a cultura não consiste forçosamente em falar a natureza em metáforas ou em estilos, mas em submeter o frescor do que é *imediatamente* dado a uma ordem inteligível;

pouco importa que essa ordem seja a de uma minuciosa recensão (Audubon), de uma narrativa mítica (a do jovem índio comedor de peiote), de uma crônica do cotidiano (o jornalista do *New York World*) ou de um anúncio de geleia: em todos esses casos a linguagem americana constitui uma primeira transformação da natureza em cultura, isto é, essencialmente um ato de instituição. *Mobile* não faz mais, em suma, do que retomar essa instituição americana para os americanos e *representá-la*; o livro tem como subtítulo: estudo para uma representação dos Estados Unidos, e tem realmente uma finalidade plástica: visa a igualar um grande quadro histórico (mais exatamente: trans-histórico), no qual os objetos, em sua própria descontinuidade, são ao mesmo tempo fragmentos do tempo e primeiros pensamentos.

Pois existem objetos em *Mobile*, e esses objetos asseguram à obra seu grau de credibilidade, não realista mas onírica. Os objetos fazer *partir*: são mediadores de cultura infinitamente mais rápidos do que as ideias, produtores de fantasmas tão ativos quanto as "situações"; estão quase sempre no próprio fundo das situações e lhes dão uma caráter *excitante*, isto é, propriamente mobilizador, que faz uma literatura verdadeiramente viva. No assassinato de Agamênon, há o véu obsessivo que serviu para cegá-lo; no amor de Nero, há aquelas tochas, aquelas armas que iluminaram as lágrimas de Júnia; na humilhação de Bola de Sebo, há aquela cesta de vitualhas com o detalhe consignado; em *Nadja*, há a Torre Saint Jacques, o Hotel dos Grandes Homens; em *La Jalousie*, há uma gelosia, um inseto esmagado na parede; em *Mobile*, há o peiote, os sorvetes de vinte e oito sabores, os automóveis de dez cores (há também a cor dos negros). É isso que faz de uma obra um acontecimento *memorável*: memorável como o pode ser uma lembrança de infância, na qual, acima de todas as hierarquias aprendidas e os sentidos impostos (do gênero "verdadeiro do coração humano"), resplende o brilho do acessório essencial.

Larga unidade de horizonte, sob forma de uma história mítica, sabor profundo dos objetos citados nesse grande catálogo dos Estados Unidos, tal é a perspectiva de *Mobile*, aquilo que faz em suma uma obra de cultura familiar. É preciso acreditar que se esse classicismo da substância foi mal percebido, é uma vez mais porque o autor de *Mobile* deu a seu discurso uma forma descontínua (*pensamento em migalhas*, disseram desdenhosamente). Vimos como todo insulto ao mito do "desenvolvimento" retórico passava por subversivo. Mas em *Mobile* é bem pior: o descontínuo é aí tanto mais escandaloso quanto as "unidades" do poema não são "variadas" (no sentido que essa palavra pode ter em música) mas somente *repetidas*: algumas células inalteráveis são infinitamente combinadas sem que haja transformação interna dos elementos. Que uma obra seja com efeito composta de alguns temas, é o que a rigor se admite (embora a crítica temática, quando retalha por demais o tema, seja vivamente contestada): apesar de tudo, o tema continua sendo um objeto literário na medida em que se oferece, por estatuto, à variação, isto é, ao desenvolvimento. Ora, em *Mobile* não há, desse ponto de vista, nenhum tema e por conseguinte nenhuma obsessão: a repetição dos elementos não tem manifestamente nenhum valor psicológico, mas somente estrutural: ela não "trai" o autor, mas, inteiramente interior ao objeto descrito, ela decorre visivelmente de uma arte. Enquanto na estética tradicional todo esforço literário consistia em disfarçar o tema, em dar-lhe variações inesperadas, em *Mobile* não há variação, mas somente variedade, e essa variedade é puramente combinatória. As unidades do discurso são em suma definidas essencialmente por sua função (no sentido matemático do termo), não por sua natureza retórica: uma metáfora existe em si; uma unidade estrutural existe apenas por distribuição, isto é, com relação a outras unidades. Essas unidades são – e devem ser – seres tão perfeitamente *móveis*, que deslocando-as ao longo de todo o poema o autor engendra uma espécie de grande corpo animado, cujo movimento é de perpétua translação, não de "crescimento" interno: assim é honrado o título do objeto: *Mobile*, isto é, armadura minuciosamente articulada, na qual todas as quebraturas, deslocando-se muito pouco (o que permite a finura do jogo combinatório), produzem paradoxalmente o mais ligado dos movimentos.

Pois existe definitivamente, em *Mobile*, um contínuo do discurso que é imediatamente perceptível, por pouco que se esqueça o modelo retórico ao qual nos habituamos a conformar nossa leitura. O contínuo retórico desenvolve, amplifica; não admite repetição sem transformação. O contínuo de *Mobile* repete, mas combina diferentemente o que repete. Disso decorre que o primeiro nunca volta ao que expôs, enquanto o segundo volta, lembra: o novo está sempre acompanhado do antigo; é, se se quiser, um contínuo fugado, no qual os fragmentos identificáveis entram sempre de novo na corrida. O exemplo da música é sem dúvida bom, pois a mais ligada das artes dispõe de fato do mais descontínuo dos materiais: em música – pelo menos em nossa música – não há mais do que entradas, relações de diferenças e constelações dessas diferenças ("rotinas", poderíamos dizer). A composição de *Mobile* procede dessa mesma dialética da diferença que reencontramos em outras formas de contínuo: quem ousaria no entanto dizer que Webern ou Mondrian produziram uma arte "em migalhas"? Todos esses artistas, aliás, não inventaram o descontínuo para melhor triunfar sobre ele: o descontínuo é o estatuto fundamental de toda comunicação: só existem signos discretos. O problema estético consiste simplesmente em saber como mobilizar esse descontínuo fatal, como lhe dar um sopro, um tempo, uma história. A retórica clássica deu sua resposta, magistral durante séculos, edificando uma estética da *variação* (da qual a ideia de "desenvolvimento" é apenas um mito grosseiro); mas existe uma outra retórica possível, a da *translação*: moderna, sem dúvida, já que a encontramos somente em algumas obras de vanguarda; e no entanto, aliás, quão antiga: toda narrativa mítica, segundo a hipótese de Claude Lévi-Strauss, não é produzida por uma *mobilização* de unidades recorrentes, de *séries* autônomas (diriam os músicos), cujos deslocamentos, *infinitamente possíveis*, asseguram à obra a responsabilidade de sua escolha, isto é, sua singularidade, isto é, seu sentido?

Pois *Mobile* tem um sentido, e esse sentido é perfeitamente *humano* (já que é o *humano* que se reclama), isto é, ele remete por um lado à história séria de um homem, que é o autor, e por outro lado à natureza real de um objeto, que é a América. *Mobile* ocupa no itinerário de Michel Butor um lugar que não é evidentemente gratuito. Sabe-se, porque o autor ele próprio o disse (principalmente em *Répertoire*), que sua obra é *construída*; esse termo banal recobre aqui um projeto muito preciso e muito diferente das "construções" recomendadas na escola; se se tomar ao pé da letra, ele implica que a obra reproduz um modelo interior edificado pelo arranjo meticuloso de partes: esse modelo é exatamente uma *maqueta*: o autor trabalha numa maqueta, e vê-se imediatamente a significação estrutural dessa arte: a maqueta não é a bem dizer uma estrutura pronta, que a obra se encarregaria de transformar em acontecimento; é antes uma estrutura que se busca a partir de pedaços de acontecimentos, pedaços que se tenta aproximar, afastar, arranjar, sem alterar sua figura material, eis por que a maqueta participa dessa arte da bricolagem[2] à qual Claude Lévi-Strauss acaba de dar dignidade estrutural (em *La Pensée sauvage*). É provável que, tendo partido da poesia, arte-modelo da bricolagem literária (adivinha-se que toda nuança pejorativa é aqui retirada a esta palavra), já que os acontecimentos-palavras são aí transformados por simples arranjo em sistema de sentido, Michel Butor concebeu seus romances como uma única e mesma pesquisa estrutural cujo princípio poderia ser o seguinte: é *experimentando* entre eles fragmentos de acontecimentos que o sentido nasce, é transformando incansavelmente esses acontecimentos em funções que a estrutura se edifica: como o *bricoleur*, o escritor (poeta, romancista ou cronista) só *vê* o sentido das unidades inertes que tem diante de si *relacionando-as*: a obra tem pois aquele caráter ao mesmo tempo lúdico e sério que marca toda grande questão: é um quebra-cabeça magistral, *o quebra-cabeça do melhor possível*. Vê-se então o quanto, nesse caminho, *Mobile* representa uma pesquisa urgente (corroborada por *Votre Faust*, que lhe é imediatamente posterior, e no qual o espectador é convidado a aproximar ele próprio as "rotinas" do quebra-cabeça e a arriscar-se na combinatória estrutural: a arte serve aqui a

---

2. Aportuguesamento da palavra *bricolage*: atividade que consiste em realizar, amadoristicamente, pequenos trabalhos manuais. (N. da T.)

uma pergunta séria, que reencontramos em toda a obra de Michel Butor, e que é a da *possibilidade* do mundo, ou para falar de um modo mais leibniziano, de sua *compossibilidade*. E se o método está explícito em *Mobile* é porque encontrou na América (deixamos aqui voluntariamente aos Estados Unidos seu nome mítico) um objeto privilegiado, de que a arte só pode prestar contas por um ensaio incessante de contiguidades, de deslocamentos, de voltas, de entradas relativas a enumerações nominais, de fragmentos oníricos, de lendas, de sabores, de cores ou de simples ruídos toponímicos, cujo conjunto *representa* essa compossibilidade do novo continente. E ainda aqui, *Mobile* é ao mesmo tempo muito novo e muito antigo: esse grande catálogo da América tem por longínquos ancestrais aqueles catálogos épicos, enumerações gigantescas e puramente denominativas, de naves, regimentos e capitães, que Homero e Ésquilo dispuseram em sua narrativa com o fim de testemunhar da infinita "compossibilidade" da guerra e do poder.

MÃE CORAGEM CEGA

Mutter Courage[1] não se dirige àqueles que, de perto ou de longe, se enriquecem com as guerras; seria um quiproquó bufão revelar-lhes o caráter mercantil da guerra! Não, é àqueles que por elas sofrem sem nada ganhar que *Mutter Courage* se dirige, e esta é a primeira razão de sua grandeza: *Mutter Courage* é uma obra totalmente popular, porque é uma obra cujo desígnio profundo só pode ser compreendido pelo povo.

Esse teatro parte de uma dupla visão: a do mal social, a de seus remédios. No caso de *Mutter Courage*, trata-se de vir em ajuda a todos aqueles que acreditam estar na fatalidade da guerra, como Mãe Coragem, revelando-lhes precisamente que a guerra, fato humano, não é fatal, e que atacando as causas mercantis, pode-se abolir enfim as consequências militares. Eis a ideia, e eis agora como Brecht une esse desígnio principal a um teatro verdadeiro, de modo que a

1. Representação de *Mutter Courage*, de Brecht, pelo Berliner Ensemble, em Paris (Théâtre des Nations), 1954.

evidência da proposição nasça, não de uma pregação ou de uma argumentação, mas do próprio ato teatral: Brecht coloca diante de nós, em toda a sua extensão, a Guerra dos Trinta Anos; arrastado por essa implacável duração, tudo se degrada (objetos, rostos, afeições), tudo se destrói (os filhos de Mãe Coragem, mortos um após outro); Mãe Coragem, cantineira, cujo comércio e vida são os pobres frutos da guerra, *está* na guerra, a tal ponto que ela não a vê, por assim dizer (apenas um vislumbre, no fim da primeira parte): ela é cega, sofre sem compreender; para ela, a guerra é fatalidade indiscutível.

Para ela, mas não mais para nós: porque nós *vemos* Mãe Coragem cega, nós *vemos* o que ela não vê. Mãe Coragem é para nós uma substância dúctil: ela não vê nada, mas nós vemos através dela, nós compreendemos, arrebatados por essa evidência dramática que é a persuasão mais imediata que existe, que Mãe Coragem cega é vítima do que ela não vê, e que é um mal remediável. Assim o teatro opera em nós, espectadores, um desdobramento decisivo: somos ao mesmo tempo Mãe Coragem e aqueles que a explicam; participamos da cegueira de Mãe Coragem e *vemos* essa mesma cegueira, somos atores passivos atolados na fatalidade da guerra, e espectadores livres, levados à desmistificação dessa fatalidade.

Para Brecht, o palco conta, a sala julga, o palco é épico, a sala é trágica. Ora, isso é a própria definição do teatro popular. Tomemos Guignol ou Mr. Punch, por exemplo, esse teatro surgido de uma mitologia ancestral: aqui também o público *sabe* o que o ator não sabe; e ao vê-lo agir de um modo tão prejudicial e estúpido, ele se espanta, se inquieta, se indigna, grita a verdade, enuncia a solução: um passo mais e o público verá que é ele próprio, o ator sofredor e ignorante, saberá que quando ele está mergulhado numa dessas inumeráveis Guerra de Trinta Anos que seu tempo lhe impõe sob formas variadas, ele aí está exatamente como Mãe Coragem, sofrendo e ignorando estupidamente seu próprio poder de fazer cessar sua infelicidade.

É portanto capital que esse teatro não comprometa nunca completamente o espectador no espetáculo: se o espectador não conservar aquele pequeno recuo necessário para se ver sofredor e mistificado, tudo está perdido: o espectador deve identificar-se parcialmente com Mãe Coragem, e só aderir à sua cegueira para dela sair a tempo e julgá-la. Toda a dramaturgia de Brecht está submetida a uma necessidade da *distância*, e sobre a realização dessa distância o essencial do teatro é apostado: não é o êxito de um estilo dramático qualquer que está em jogo, é a própria consciência do espectador, e por conseguinte seu poder de fazer a história. Brecht exclui impiedosamente como não cívicas as soluções dramáticas que envisgam o espectador no espetáculo, e pela piedade desvairada ou a piscadela marota favorecem uma cumplicidade sem comedimento entre a vítima da história e suas novas testemunhas. Brecht rejeita por conseguinte: o romantismo, a ênfase, o verismo, a truculência, a cabotinagem, o estetismo, a ópera, todos os estilos de *envisgamento* ou de participação, que levariam o espectador a identificar-se completamente com Mãe Coragem, a perder-se nela, a deixar-se arrastar em sua cegueira ou em sua futilidade.

O problema da participação – pratinho preferido de nossos estéticos do teatro, sempre beatos quando podem postular uma religiosidade difusa do espetáculo – é aqui pensado de modo totalmente novo, e ainda não acabamos de descobrir as consequências benéficas desse novo princípio, que é talvez aliás um princípio muito antigo, já que repousa sobre o estatuto ancestral do teatro cívico, onde o palco é sempre objeto de um Tribunal que está na sala (vejam-se os trágicos gregos). Compreendemos agora por que nossas dramaturgias tradicionais são radicalmente falsas: elas engodam o espectador, são dramaturgias da abdicação. A de Brecht detém ao contrário um poder maiêutico, representa e faz julgar, é ao mesmo tempo agitadora e isolante: tudo aí concorre para impressionar sem afogar; é um teatro da solidariedade, não do contágio.

Outros dirão os esforços concretos – e todos triunfantes – dessa dramaturgia, para realizar uma ideia revolucionária, a única que pode hoje justificar o teatro. É preciso somente, para terminar, reafirmar a singularidade de nossa perturbação diante da *Mutter Courage* do Berliner Ensemble: como toda grande obra, a de Brecht é uma crítica radical do mal que a precede: somos pois de todos os modos profundamente *ensinados* por *Mutter Courage*: esse espetáculo nos fez talvez ganhar anos de reflexão. Mas esse ensinamento é acompanhado de um êxito: vimos que essa crítica profunda edificava ao mesmo tempo aquele teatro desalienado que postulávamos idealmente, e que se pôs diante de nós um belo dia em sua forma adulta e já perfeita.

A REVOLUÇÃO BRECHTIANA

Há vinte e quatro séculos, na Europa, o teatro é aristo-télico: ainda hoje, em 1955, cada vez que vamos ao teatro, seja para ver Shakespeare ou Montherlant, Racine ou Roussin, Maria Casarès ou Pierre Fresnay, quaisquer que sejam nossos gostos e qualquer que seja nosso partido, decretamos o prazer e o tédio, o bem e o mal, em função de uma moral secular cujo credo é o seguinte: quanto mais o público fica emocio-nado, mais ele se identifica ao herói, mais o palco imita a ação, mais o ator encarna seu papel, mais o teatro é mágico e melhor é o espetáculo[1].

Ora, surge um homem cuja obra e pensamento contes-tam radicalmente essa arte nesse ponto ancestral que acre-ditávamos, pelas melhores razões do mundo, ser "natural"; que nos diz, desprezando toda tradição, que o público só deve engajar-se pela metade no espetáculo, de modo a "conhecer"

---

1. Editorial para o n⁰ 11 de *Théâtre populaire* (janeiro-fevereiro 1955), consagrado a Brecht.

o que lhe é mostrado, ao invés de se submeter a ele; que o ator deve dar à luz essa consciência denunciando seu papel, não o encarnando; que o espectador não deve nunca identificar-se completamente com o herói, de sorte que ele permanece sempre livre para julgar as causas, depois os remédios de seu sofrimento; que a ação não deve ser imitada, mas contada; que o teatro deve cessar de ser mágico para se tornar crítico, o que será ainda para ele o melhor modo de ser caloroso.

Pois bem, é na medida em que a revolução teatral de Brecht recoloca em questão nossos hábitos, nossos gostos, nossos reflexos, as próprias "leis" do teatro no qual vivemos que ele nos faz renunciar ao silêncio e à ironia, e olhar Brecht de frente. Nossa revista indignou-se muitas vezes diante da mediocridade ou baixeza do teatro presente, a raridade de suas revoltas e a esclerose de suas técnicas, para que ela possa tardar mais a interrogar um grande dramaturgo de nosso tempo, que nos propõe não somente uma obra, mas também um sistema, forte, coerente, estável, difícil de aplicar, talvez, mas que possui ao menos uma virtude indiscutível e salutar de "escândalo" e de espanto.

Qualquer coisa que se decida finalmente sobre Brecht, é preciso ao menos assinalar o acordo de seu pensamento com os grandes temas progressistas de nossa época: a saber, que os males dos homens estão entre as mãos dos próprios homens, isto é, que o mundo é manejável; que a arte pode e deve intervir na história; que ela deve hoje concorrer para as mesmas tarefas que as ciências, das quais ela é solidária; que precisamos de agora em diante de uma arte de explicação, e não mais somente de uma arte de expressão; que o teatro deve ajudar resolutamente a história desvendando seu processo; que as técnicas cênicas são elas próprias engajadas; que, afinal, não existe uma "essência" da arte eterna, mas que cada sociedade deve inventar a arte que melhor a ajudará no parto de sua libertação.

Naturalmente, as ideias de Brecht colocam problemas e suscitam resistências, sobretudo num país como a França, que forma atualmente um complexo histórico bem diferente da Alemanha Oriental. O número que *Théâtre populaire* consagra a Brecht não pretende por isso resolver esses problemas ou triunfar contra essas resistências. Nosso único objetivo, por enquanto, é ajudar a um conhecimento de Brecht.

Nós entreabrimos um fichário, estamos longe de considerá-lo encerrado. Ficaríamos mesmo muito felizes se os leitores de *Théâtre populaire* quisessem trazer a ele seu testemunho. Isso compensaria, a nossos olhos, a ignorância ou a indiferença de um número demasiado grande de intelectuais ou de homens de teatro para com aquele que consideramos, de todas as maneiras, como um "contemporâneo capital".

AS TAREFAS DA CRÍTICA BRECHTIANA

Há pouco risco em prever que a obra de Brecht vai tomar cada vez maior importância; não só porque é uma grande obra, mas também porque é uma obra exemplar: ela brilha, pelo menos hoje, com uma luz excepcional, no meio de dois desertos: o deserto do teatro contemporâneo onde, fora Brecht, não há grandes nomes a citar; o deserto da arte revolucionária, estéril desde os princípios do impasse jdanovista. Qualquer um que queira refletir sobre o teatro e sobre a revolução encontrará fatalmente Brecht. O próprio Brecht o quis assim; sua obra se opõe com toda a sua força ao mito reacionário do gênio inconsciente; ela possui a grandeza que melhor convém a nosso tempo, a da responsabilidade; é uma obra que se encontra em estado de "cumplicidade" com o mundo, com nosso mundo: o conhecimento de Brecht, a reflexão sobre Brecht, em uma só palavra, a crítica brechtiana, é por definição extensiva à problemática de nosso tempo. É preciso repetir incansavelmente esta verdade: conhecer Brecht é muito mais importante do que conhecer

Shakespeare ou Gógol; pois foi para nós, exatamente, que Brecht escreveu seu teatro, não para a eternidade. A crítica brechtiana é pois uma crítica de espectador, de leitor, de consumidor, e não de exegeta: é uma crítica de homem *concernido*. E se eu tivesse de escrever eu mesmo a crítica cujas linhas esboço, não deixaria de sugerir, sob pena de parecer indiscreto, no que essa obra me toca e me ajuda, a mim pessoalmente, como homem concreto. Mas para limitar-me ao essencial de um programa de crítica brechtiana, darei somente os planos de análise em que essa crítica deveria sucessivamente situar-se:

1) *Sociologia*. De um modo geral, não temos ainda meios de pesquisa suficientes para definir os públicos de teatro. Além disso, pelo menos na França, Brecht ainda não saiu dos teatros experimentais (salvo a *Mãe Coragem* do T.N.P. cujo caso é pouco instrutivo por causa do contrassenso da direção). Só poderíamos portanto estudar, por enquanto, as reações de imprensa.

Seria preciso distinguir, nesse dia, quatro tipos de reação. Na extrema direita, a obra de Brecht é inteiramente desacreditada por seu cartaz político: o teatro de Brecht é um teatro medíocre *porque* é um teatro comunista. Na direita (uma direita mais astuta, e que pode estender-se até a burguesia "modernista" de *L'Express*), fazem Brecht passar por uma operação tradicional de disjunção política: dissociam o homem da obra, abandonam o primeiro à política (sublinhando sucessiva e contraditoriamente sua independência e seu servilismo ao Partido), e engajam o segundo sob os estandartes do Teatro Eterno: toda a obra de Brecht, dizem, é grande apesar dele, contra ele.

Na esquerda, há primeiramente uma acolhida humanista de Brecht: Brecht seria uma daquelas vastas consciências criadoras ligadas a uma promoção humanitária do homem, como foram Romain Rolland ou Barbusse. Essa visão simpática recobre, infelizmente, um preconceito anti-intelectualista, frequente em certos meios de extrema esquerda: para melhor "humanizar" Brecht, desacredita-se ou pelo menos minimiza-se a parte teórica de sua obra: esta obra seria grande *apesar* das visões sistemáticas de Brecht sobre o teatro épico, o ator, o distanciamento etc.: reencontramos assim um dos teoremas fundamentais da cultura pequeno-burguesa, o contraste romântico entre o coração e o cérebro, a intuição e a reflexão, o inefável e o racional, oposição que mascara em última instância uma concepção mágica da arte. Enfim, exprimiram-se reservas do lado comunista (pelo menos na França) com relação ao teatro brechtiano: elas concernem em geral à oposição de Brecht ao herói positivo, à concepção épica do teatro, e à orientação "formalista" da dramaturgia brechtiana. Posta de lado a contestação de Roger Vailland, fundada na defesa da tragédia francesa como arte dialética da crise, essas críticas procedem de uma concepção jdanovista da arte.

Cito aqui um fichário de memória; seria preciso retomá-lo detalhadamente. Não se trataria aliás, de modo algum, de refutar as críticas de Brecht, mas antes de nos aproximarmos de Brecht pelas vias que nossa sociedade emprega espontaneamente para *digeri-lo*. Brecht *revela* aquele que dele fala, e essa revelação interessa naturalmente a Brecht no mais alto grau.

2) *Ideologia.* Devemos opor às "digestões" da obra brechtiana uma verdade canônica de Brecht? Num sentido, e dentro de certos limites, sim. Há no teatro de Brecht um conteúdo ideológico preciso, coerente, consistente, notavelmente *organizado*, e que protesta contra as deformações abusivas. Esse conteúdo deve ser descrito.

Para tanto, dispomos de duas espécies de textos: primeiramente os textos teóricos, de uma inteligência aguda (não é de modo algum indiferente encontrar um homem de teatro inteligente), de uma grande lucidez ideológica, e que seria pueril querer subestimar, sob pretexto de que são apenas um apêndice intelectual de uma obra essencialmente criativa. É certo que o teatro de Brecht foi feito para ser representado. Mas antes de o representar ou de assistir à sua representação, não é proibido compreendê-lo: essa inteligência está ligada organicamente à sua função constitutiva, que é de transformar um público no mesmo momento em que ele se diverte. Em um marxista como Brecht, as relações entre a teoria e a prática não devem ser subestimadas ou deformadas. Separar o teatro brechtiano de suas bases teóricas seria tão errôneo como querer compreender a ação de Marx sem ler o *Manifesto Comunista*, ou a política de Lênin sem ler *O Estado e a Revolução*. Não existe decisão de Estado ou intervenção sobrenatural que dispense graciosamente o teatro das exigências da reflexão teórica. Contra toda uma tendência da crítica, é preciso afirmar a importância capital dos escritos sistemáticos de Brecht: não é enfraquecer o valor criativo desse teatro considerá-lo como um teatro pensado.

Aliás, a própria obra fornece os elementos principais da ideologia brechtiana. Só posso assinalar aqui os principais: o caráter histórico, e não "natural" das desgraças humanas; o contágio espiritual da alienação econômica, cujo último efeito é cegar sobre as causas de sua servidão os próprios indivíduos que ela oprime; o estatuto corrigível da Natureza, a manejabilidade do mundo; a adequação necessária dos meios e das situações (por exemplo, numa sociedade má, o direito só pode ser restabelecido por um juiz velhaco); a transformação dos antigos "conflitos" psicológicos em contradições históricas, submetidas como tais ao poder corretor dos homens.

Seria preciso aqui precisar que essas variedades só são dadas como saídas de situações concretas, e essas situações são infinitamente plásticas. Contrariamente ao preconceito da direita, o teatro de Brecht não é um teatro de teses, não é um teatro de propaganda. O que Brecht toma ao marxismo, não são palavras de ordem, uma articulação de argumentos, é um método geral de explicação. Disso decorre que no teatro de Brecht os elementos marxistas parecem sempre recriados. No fundo, a grandeza de Brecht, sua solidão também, é que ele inventa constantemente o marxismo. O tema ideológico, em Brecht, poderia ser definido muito exatamente como uma dinâmica dos acontecimentos que entrelaçaria a constatação e a explicação, o ético e o político: conforme ao ensinamento profundo do marxismo, cada tema é ao mesmo tempo a expressão de querer-ser dos homens e do ser das coisas, ele é ao mesmo tempo protestador (porque desmascara) e reconciliador (porque explica).

3) *Semiologia.* A semiologia é o estudo dos signos e das significações. Não quero entrar aqui na discussão dessa ciência, que foi postulada, há uns quarenta anos pelo linguista Saussure, e que é em geral tida em grande suspeita de formalismo. Sem nos deixar intimidar pelas palavras, haveria interesse em reconhecer que a dramaturgia brechtiana, a teoria do *Episierung,* a do distanciamento, e toda a prática do Berliner Ensemble no que concerne ao cenário e aos figurinos, colocam um problema semiológico declarado. Pois o que toda a dramaturgia brechtiana postula é que, pelo menos hoje, a arte dramática deve menos exprimir o real do que significá-lo. É pois necessário que haja uma certa distância entre o significado e o significante: a arte revolucionária deve admitir um certo arbitrário dos signos, deve dar vez a um certo "formalismo", no sentido de que deve tratar a forma segundo um método próprio, que é o método semiológico. Toda a arte brechtiana protesta contra a confusão jdanovista entre a ideologia e a semiologia, que levou ao impasse estético que se sabe.

Compreende-se de resto por que é esse aspecto do pensamento brechtiano que é o mais antipático à crítica burguesa e jdanovista: uma e outra se apegam a uma estética da expressão "natural" do real: a arte é a seus olhos uma falsa Natureza, uma *pseudo-Physis.* Para Brecht, ao contrário, a arte hoje, isto é, no seio de um conflito histórico cujo prêmio é a desalienação humana, a arte deve ser uma *anti-Physis.* O formalismo de Brecht é um protesto radical contra o visgo da falsa Natureza burguesa e pequeno-burguesa: numa sociedade ainda alienada, a arte deve ser crítica, deve cortar toda ilusão, mesmo a da "Natureza"; o signo deve ser parcialmente arbitrário, caso contrário caímos novamente numa arte da expressão, numa arte da ilusão essencialista.

4) *Moral.* O teatro brechtiano é um teatro moral, isto é, um teatro que se pergunta, com o espectador: que se deve fazer numa tal situação? Isso levaria a recensear e a descrever as situações arquetípicas do teatro brechtiano; elas se reduzem, acho, a um problema único: como ser bom numa sociedade má? Parece-me muito importante realçar bem a estrutura moral do teatro de Brecht: compreende-se bem que

o marxismo tenha tido outras tarefas mais urgentes do que inclinar-se sobre problemas de conduta individual; mas a sociedade capitalista dura, o próprio comunismo se transforma: a ação revolucionária deve cada vez mais coabitar, e de modo quase institucional, com as normas da moral burguesa e pequeno-burguesa: problemas de conduta, e não mais de ação, surgem. Brecht pode ter aqui um grande poder de desentorpecer e desobnubilar.

Tanto mais que sua moral nada tem de catequista, ela é na maior parte do tempo estritamente interrogativa. Sabe-se que certas peças suas terminam por uma interrogação literal ao público, que o autor encarrega de encontrar ele próprio a solução do problema proposto. O papel moral de Brecht é o de inserir vivamente uma pergunta no meio de uma evidência (é o tema da exceção e da regra). Pois aqui se trata, essencialmente, de uma moral da invenção. A invenção brechtiana é um processo tático para alcançar a correção revolucionária. O que vale dizer que, para Brecht, a saída de todo impasse moral depende de uma análise mais justa da situação concreta na qual se acha o sujeito: é ao se representar vivamente a particularidade histórica dessa situação, sua natureza artificial, puramente conformista, que a saída aparece. A moral de Brecht consiste essencialmente numa leitura correta da história e a plasticidade dessa moral (*mudar, quando é preciso, o Grande Uso*) se prende à própria plasticidade da história.

DE UM LADO E DO OUTRO

Os costumes humanos são variáveis: é o que uma boa parte do humanismo clássico não cessou de dizer, de Heródoto a Montaigne e a Voltaire[1]. Mais precisamente: os costumes eram então cuidadosamente separados da natureza humana, como os atributos episódicos de uma substância eterna: a esta, a intemporalidade, aos outros, a relatividade histórica ou geográfica; descrever os diferentes modos de ser cruel ou de ser generoso era reconhecer uma certa essência da crueldade ou da generosidade, e por tabela diminuir suas variações; num mundo clássico, a relatividade nunca é vertiginosa porque não é infinita; ela logo se detém no coração inalterável das coisas: é uma segurança, não uma perturbação.

Hoje começamos a saber, graças à história (com Febvre), graças à etnologia (com Mauss), que não só os costumes, mas

---

1. A propósito de: Michel Foucault, *Folie et Déraison. Histoire de la Folie à l'âge classique,* Plon, 1961.

também os atos fundamentais da vida humana são objetos históricos; e que é preciso definir cada vez de novo, segundo a sociedade que se observa, fatos reputados naturais por causa de seu caráter físico. Foi sem dúvida uma grande conquista (ainda inexplorada) o dia em que historiadores, etnólogos se puseram a descrever os comportamentos elementares das sociedades passadas ou distantes, tais como o comer, o dormir, o andar, o ver, o ouvir ou o morrer, como atos não só variáveis em seus protocolos de realização, mas também no sentido humano que os constitui, e para alguns, mesmo, em sua natureza biológica (penso nas reflexões de Simmel e de Febvre sobre as variações de acuidade do sentido auditivo e do sentido visual através da história). Essa conquista poderia ser definida como a intrusão do olhar etnológico nas sociedades civilizadas; e naturalmente, quanto mais o olhar se detém sobre uma sociedade próxima do observador, mais difícil é conduzi-lo: pois ele nada mais é então do que uma distância para consigo mesmo.

A *Histoire de la Folie*, de Michel Foucault, pertence plenamente àquele movimento conquistador da etnologia moderna, ou da história etnológica, como se queira (mas ele lhe escapa também, e direi como, daqui a pouco): imagina-se que Lucien Febvre teria gostado deste livro audacioso, já que ele devolve à história um fragmento de "natureza" e transforma em fato de civilização o que até então considerávamos como um fato médico: a loucura. Pois se nos obrigassem a conceber espontaneamente uma história da loucura, nós o faríamos sem dúvida como se se tratasse de uma história da cólera ou da peste; descreveríamos as errâncias científicas dos séculos passados, os balbuciamentos da primeira ciência médica, para chegar à luz da psiquiatria atual; acrescentaríamos a essa história médica uma ideia de progresso ético, cujas etapas evocaríamos: os loucos separados dos criminosos, depois libertos de suas cadeias por Pinel, os esforços do médico moderno para escutar e compreender seu doente. Esta visão mítica (já que ela nos tranquiliza) não é de modo algum a de Michel Foucault: ele não fez a história da loucura, como diz, *em estilo de positividade*; desde o início, recusou-se a considerar a loucura como uma realidade nosográfica, que teria existido em todos os tempos e cuja abordagem científica tivesse somente variado de século a século. De fato, Michel Foucault nunca define a loucura; a loucura não é o *objeto* de um conhecimento, cuja história seria preciso encontrar; por assim dizer, *ela nada mais é do que esse conhecimento ele próprio*: a loucura não é uma doença, é um *sentido* variável e talvez heterogêneo, segundo os séculos; Michel Foucault nunca trata a loucura como uma realidade funcional: ela é para ele a pura função de uma dupla formada pela razão e a desrazão, o olhante e o olhado. E o olhante (os homens razoáveis) não têm nenhum privilégio *objetivo* sobre os olhados (os loucos): seria portanto vão procurar recolocar os nomes modernos da loucura sob seus velhos nomes.

Vê-se aqui o primeiro abalo de nossos hábitos intelectuais; o método de Michel Foucault participa ao mesmo tempo de uma extrema prudência científica e de uma extrema distância com relação à "ciência"; pois, por um lado, nada vem ao livro que não seja nominalmente dado pelos documentos de época; em nenhum momento existe projeção de uma realidade atual sob nomes antigos; se se decide que a loucura é apenas o que se diz dela (e como decidir de outra forma, já que, respondendo ao discurso da razão sobre a loucura, não há discurso da loucura sobre a razão), esse *dizer* deve ser tratado literalmente, e não como a versão fora de moda de um fenômeno cuja verdade possuiríamos finalmente; e por outro lado, o historiador estuda aqui um objeto cujo caráter objetivo ele põe voluntariamente entre parênteses; não somente ele descreve representações coletivas (o que é ainda raro em história), mas, muito mais, pretende que, sem ser mentirosas, essas representações esgotam de certa forma o objeto que se propõem; não podemos atingir a loucura fora da ideia dos homens lúcidos (isto não quer, aliás, dizer que essa ideia seja ilusória); não é pois nem do lado do real (científico) nem do lado da imagem (mítica) que encontraremos a realidade histórica da loucura: é no nível do diálogo interconstituinte da razão e da desrazão, sob pena de nos lembrarmos constantemente de que esse diálogo é falseado: ele comporta um grande silêncio, o dos loucos: pois os loucos não dispõem de nenhuma *metalinguagem* para falar da razão.

Em suma, Michel Foucault recusa-se igualmente a constituir a loucura quer em objeto medical, quer em fantasma coletivo; seu método não é nem positivista, nem mitológico; ele nem mesmo desloca, a bem dizer, a realidade da loucura de seu conteúdo nosográfico à pura representação que os homens dela criaram; ele faz com que ela reintegre continuamente uma realidade ao mesmo tempo extensiva e homogênea à loucura, e que é a dupla da razão e da desrazão. Ora, esse deslocamento tem consequências importantes, de ordem ao mesmo tempo histórica e epistemológica.

A história da loucura como fato medical só poderia ser nosográfica: um simples capítulo na história geral – e triunfante – da medicina. A história da dupla Razão-Desrazão se apresenta de imediato como uma história completa, que põe em jogo o conjunto dos dados de uma sociedade histórica determinada; paradoxalmente, essa história "imaterial" satisfaz imediatamente àquela exigência moderna de história total, que apregoam os historiadores materialistas ou os ideólogos, sem nunca conseguir fazer-lhe honra. Pois o olhar constituinte dos homens razoáveis sobre a loucura se revela muito cedo como um elemento simples de sua *práxis*: a sorte dos insensatos está estreitamente ligada às necessidades da sociedade em matéria de trabalho, de economia; essa ligação não é forçosamente causa!, no sentido grosseiro do termo: *ao mesmo tempo* que essas necessidades, nascem representações que as fundamentam em natureza, e entre essas representações, durante muito tempo morais, existe a imagem da loucura; a história da loucura segue continuamente uma história das ideias de trabalho, de pobreza, de ócio e de improdutividade. Michel Foucault tomou o maior cuidado em descrever *ao mesmo tempo* as imagens da loucura e as condições econômicas de uma mesma sociedade; isto pertence, sem dúvida, à melhor tradição materialista; mas onde essa condição é – felizmente – ultrapassada, é que a loucura nunca é apresentada como um efeito: os homens produzem num mesmo movimento soluções e signos; os acidentes econômicos (o desemprego, por exemplo, e seus diversos remédios) tomam imediatamente lugar numa estrutura de significações, que pode muito bem preexistir a eles; não se pode dizer que as necessidades *criam* valores, que o desemprego *cria* a imagem de um trabalho-castigo: uns e outros se juntam como as unidades profundas de um vasto sistema de relações significantes: é o que sugerem incessantemente as análises de Michel Foucault sobre a sociedade clássica: a relação que une a fundação do Hospício Geral à crise econômica da Europa no começo do século XVII ou, pelo contrário, a relação que une o recesso do internamento ao sentimento mais moderno, segundo o qual o internamento maciço não pode resolver os novos problemas do desemprego (fim do século XVIII), essas relações são essencialmente relações significantes.

Eis por que a história descrita por Michel Foucault é uma história estrutural (e não me esqueço do abuso que se faz dessa palavra hoje). Essa história é estrutural em dois níveis, o da análise e o do projeto Sem jamais cortar o fio de uma exposição diacrônica, Michel Foucault traz à luz, para cada época, o que se chamaria alhures de *unidades de sentido*, cuja combinação define essa época e cuja translação traça o próprio movimento da história: animalidade, saber, vício, ócio, sexualidade, blasfêmia, libertinagem, esses componentes históricos da imagem demencial formam assim complexos significantes, segundo uma espécie de sintaxe histórica que varia com os tempos; são, por assim dizer, classes de significados, vastos "semantemas" cujos próprios significantes são transitórios, já que o olhar da razão só constrói as marcas da loucura a partir de suas próprias normas, e essas normas são elas mesmas históricas. Um espírito mais formalista teria talvez explorado mais a evidenciação dessas unidades de sentido; mas essa é uma questão de discurso; o sentido desse procedimento é o mesmo, quer se tente uma história (como o fez Michel Foucault) ou uma sintaxe da loucura (como se pode imaginar): trata-se sempre de fazer variar *ao mesmo tempo* formas e conteúdos.

Pode-se imaginar que haja, por detrás de todas essas *formas* variadas da consciência demencial, um significado estável, único, intemporal, em uma só palavra, "natural"? Dos loucos da Idade Média aos insensatos da era clássica, desses insensatos aos alienados de Pinel, desses alienados aos novos doentes da psicopatologia moderna, toda a história de Michel Foucault responde: não; a loucura não dispõe de nenhum conteúdo transcendente. Mas o que se pode inferir das análises de Michel Foucault (e é o segundo ponto em que sua história é estrutural) é que a loucura (concebida sempre, é claro, como uma pura função da razão) corresponde a uma *forma* permanente, por assim dizer trans-histórica; essa forma não pode confundir-se com as marcas ou os sinais da loucura (no sentido científico do termo); isto é, com os significantes infinitamente variados daqueles significados também múltiplos que cada sociedade investiu na desrazão, demência, loucura ou alienação; tratar-se-ia, por assim dizer, de uma *forma das formas*, por outras palavras, de uma estrutura específica; essa forma das formas, essa estrutura – e o livro de Michel Foucault parece sugeri-lo a cada página – seria uma complementaridade, a que opõe e une, *no nível da sociedade global*, o excluído e o incluído (Claude Lévi-Strauss disse algo sobre essa estrutura a propósito dos feiticeiros, em sua Introdução à obra de Marcel Mauss). Naturalmente, é preciso ainda repeti-lo, cada termo da função se preenche diferentemente segundo as épocas, os lugares, as sociedades; a exclusão (diz-se hoje por vezes: o desvio) tem conteúdos (sentidos) variados, aqui loucura, lá xamanismo, mais adiante criminalidade, homossexualismo etc. Mas onde começa um grave paradoxo é que, pelo menos em nossas sociedades, a relação de exclusão é conduzida, e de certa forma objetivada por somente uma das duas humanidades que dela participam; é portanto a humanidade excluída que é denominada (loucos, insensatos, alienados, criminosos, libertinos etc.), é o ato de exclusão, por sua própria nominação, que se encarrega positivamente ao mesmo tempo dos excluídos e dos "incluídos" ("exílio dos loucos na Idade Média, internamento da era moderna"). É, pois, ao que parece, no nível dessa forma geral que a loucura pode, não se definir, mas se estruturar; e se essa forma está presente em qualquer sociedade (mas nunca fora de uma *sociedade*), a única disciplina que poderia encarregar-se da loucura (como de todas as formas de exclusão) seria a antropologia (no sentido "cultural", e não mais "natural", que cada vez mais damos a essa palavra). Segundo essa perspectiva, Michel Foucault teria talvez tido interesse em dar algumas referências etnográficas, em sugerir o exemplo de algumas sociedades "sem loucos" (mas não sem "excluídos"); mas também, sem dúvida, essa distância suplementar, esse pendor sereno de *toda a humanidade* pareceu-lhe um álibi tranquilizador que o teria desviado daquilo que seu projeto tem de mais novo: sua vertigem.

Pois este livro, bem o sentimos, é *algo diverso* de um livro de história, mesmo se essa história fosse concebida audaciosamente, este livro seria, como foi, escrito por um filósofo. Que é ele então? Algo como uma pergunta catártica feita ao saber, a todo saber, e não somente àquele que fala da loucura. *Saber* não é mais aqui aquele ato calmo, soberbo, tranquilizante, reconciliador, que Balzac opunha ao querer que queima e ao poder que destrói; na dupla formada por razão e loucura, incluído e excluído, *saber* é um partido engajado; o próprio ato, que apreende a loucura não mais como um objeto mas como a *outra face* que a razão – as razões – recusa, e deste modo vai até à extrema beira da inteligência, esse ato é também um ato surdo; iluminando com uma viva luz a dupla formada por loucura e razão, *saber* esclarece no mesmo instante sua própria solidão e sua própria particularidade: manifestando a própria história da divisão, não conseguiria dela escapar.

Essa inquietude, que nada tem a ver com a dúvida pirandelliana que pode provocar nos bons espíritos a confusão frequente das condutas "razoáveis" e das condutas "dementes", pois ela não é agnóstica –, essa inquietude pertence ao próprio projeto de Michel Foucault; a partir do momento em que a loucura não é mais definida substancialmente ("é uma doença") ou funcionalmente ("*é uma conduta antissocial*"): mas estruturalmente, no nível da sociedade total, *como o discurso da razão sobre a não razão*, uma dialética implacável se desencadeia; sua origem é um paradoxo evidente: há muito tempo que os homens aceitaram a ideia de uma relatividade histórica da razão; a história da filosofia se pensa, se escreve, se ensina, ela faz parte, por assim dizer, de uma boa saúde das sociedades; mas a essa história da razão até agora nunca respondeu uma história da desrazão; nessa dupla, fora da qual nenhum dos termos poderia ser constituído, um dos parceiros é histórico, participa dos bens de civilização, escapa à fatalidade do ser, conquista a liberdade do fazer; o outro é excluído da história, fixado numa essência, quer sobrenatural, quer moral, quer medical; sem dúvida uma fração, aliás ínfima, da cultura reconhece a loucura como um objeto respeitável, ou mesmo inspirado, pelo menos através de alguns de seus mediadores, Hölderlin, Nietzsche, Van Gogh; mas esse modo de ver é recente, e sobretudo *não troca nada*: é em suma um olhar liberal, um olhar de boa vontade, disposição infelizmente incapaz de anular a má-fé. Pois nosso saber, que não se separa nunca de nossa cultura, é essencialmente um saber racional, mesmo quando a história leva a razão a alargar-se, corrigir-se ou desmentir-se; é um discurso da razão sobre o mundo: discorrer sobre a loucura a partir do saber, qualquer que seja o extremo a que cheguemos, não é pois de modo algum sair de uma antinomia funcional cuja verdade é assim fatalmente situada num espaço tão inacessível aos loucos quanto aos homens razoáveis; pois *pensar* essa antinomia é sempre pensá-la a partir de um de seus termos: a distância é aqui apenas a última esperteza da razão.

Em suma, o saber, quaisquer que sejam suas conquistas, suas audácias, suas generosidades, não pode escapar à relação de exclusão, e não pode impedir-se de pensar essa relação em termos de inclusão, mesmo quando o descobre em sua reciprocidade; a maior parte do tempo ele a reforça, frequentemente no mesmo momento em que acredita estar sendo mais generoso. Michel Foucault mostra muito bem que a Idade Média, no fim das contas, abriu-se à loucura bem mais e bem melhor do que a modernidade, pois então a loucura, longe de ser objetivada sob a forma de uma doença, se definia como uma grande passagem em direção ao sobrenatural, em suma como uma *comunicação* (é este o tema de *La Nef des fous*); e é o próprio progressismo da era moderna que parece deter em suas mãos a mais densa má-fé; retirando as cadeias aos loucos, Pinel (que não é mais, então, do que a figura de uma época) mascarava a antinomia funcional de duas humanidades, constituía a loucura em objeto, isto é, privava-a de

146

sua verdade; progressiva no plano físico, a libertação de Pinel era regressiva no plano antropológico.

A história da loucura só poderia ser "verdadeira" se ela fosse *ingênua*, isto é, escrita por um louco; mas ela não saberia então ser escrita em termos de história, e eis-nos aqui remetidos à má-fé incoercível do saber. Essa é uma fatalidade que ultrapassa, de longe, as simples relações da loucura e da desrazão; na verdade, ela atinge todo "pensamento", ou, para ser mais exato, todo recurso a uma metalinguagem, qualquer que seja: cada vez que os homens falam *do* mundo, entram no cerne da relação de exclusão, mesmo quando falam para denunciá-la: a metalinguagem é sempre terrorista. Essa é uma dialética infinita, que só poderia parecer sofisticada aos espíritos munidos de uma razão substancial como uma natureza ou um direito; os outros a viverão dramaticamente, ou generosamente, ou estoicamente; de qualquer maneira, eles conhecem bem essa vertigem do discurso, que Michel Foucault acaba de trazer à uma luz ofuscante, que não se revela somente no contato com a loucura, mas cada vez que o homem, tomando distância, olha o mundo como *outra coisa*, isto é, cada vez que ele escreve.

AS DUAS CRÍTICAS

Temos atualmente em França duas críticas paralelas: uma crítica que chamaremos, para simplificar, de *universitária* e que pratica, no essencial, um método positivista herdado de Lanson, e uma crítica de interpretação cujos representantes, muito diferentes uns dos outros, já que se trata de J. P. Sartre, G. Bachelard, L. Goldmann, G. Poulet, J. Starobinski, J. P. Weber, R. Girard, J. P. Richard, têm isto de comum: sua abordagem da obra literária pode ser ligada, mais ou menos, mas em todo caso de um modo consciente, a uma das grandes ideologias do momento, existencialismo, marxismo, psicanálise, fenomenologia. Por isso poderíamos chamar essa crítica de *ideológica*, por oposição à primeira que recusa toda ideologia e só reivindica um método objetivo. Entre as duas críticas existem, está claro, ligações: por um lado, a crítica ideológica é, no mais das vezes, praticada por professores, pois em França, como se sabe, por razões de tradição e profissão, o estatuto intelectual se confunde facilmente com o estatuto universitário; e, por outro lado,

149

acontece à Universidade reconhecer a crítica de interpretação, já que certas de suas obras são teses de doutoramento (sancionadas, é verdade, mais liberalmente, ao que parece, pelos júris de filosofia do que pelos júris de letras). Entretanto, sem falar de conflito, a separação das duas críticas é real. Por quê?

Se a crítica universitária não fosse nada mais do que seu programa declarado, que é o estabelecimento rigoroso dos fatos biográficos ou literários, não se vê a bem dizer, por que ela manteria a menor tensão para com a crítica ideológica. As aquisições do positivismo, suas próprias exigências, são irreversíveis: ninguém hoje, qualquer que seja a filosofia que adote, pensa em contestar a utilidade da erudição, o interesse das *mises au point* históricas, as vantagens de uma análise fina das "circunstâncias" literárias, e se a importância concedida ao problema das fontes pela crítica universitária pressupõe já uma certa ideia do que é a obra literária (a isso voltaremos), nada pelo menos pode opor-se a que se trate esse problema com exatidão, uma vez que se decidiu colocá-lo; não existe pois, à primeira vista, nenhuma razão que impeça as duas críticas de se reconhecer e de colaborar entre si: a crítica positivista estabeleceria e descobriria os "fatos" (já que tal é sua exigência) e deixaria a outra crítica livre para interpretá-los, ou mais exatamente "fazê-los significar" por referência a um sistema ideológico declarado. Se essa visão pacificadora é entretanto utópica, é que, na verdade, da crítica universitária à crítica de interpretação não há uma divisão de trabalho, simples diferença de um método e de uma filosofia, mas concorrência real de duas ideologias. Como Mannheim o mostrou, o positivismo é com efeito, ele também, uma ideologia como as outras (o que não impede aliás de maneira alguma que ele seja útil). E quando inspira a crítica literária, o positivismo deixa ver bem sua natureza ideológica, pelo menos em dois pontos (para nos limitarmos ao essencial).

Primeiramente, limitando voluntariamente suas pesquisas às "circunstâncias" da obra (mesmo se se tratar de circunstâncias internas), a crítica positivista pratica uma ideia perfeitamente parcial da literatura: pois recusar de se interrogar acerca do ser da literatura é ao mesmo tempo acreditar na ideia de que esse ser é eterno, ou, se se preferir, natural, em suma, a literatura é o óbvio. E, no entanto, o que é a literatura? Por que se escreve? Racine escrevia pelas mesmas razoes que Proust? Não colocar essas perguntas é também responder a elas, pois é adotar a ideia tradicional do senso comum (que não é forçosamente o senso histórico), isto é, que o escritor escreve simplesmente para *se exprimir*, e que o ser da literatura está na "tradução" da sensibilidade e das paixões. Infelizmente, assim que se toca a intencionalidade humana (e como falar de literatura sem o fazer?), a psicologia positivista não basta mais: não só porque ela é rudimentar mas também porque ela implica uma filosofia determinista perfeitamente datada. O paradoxo é que a crítica histórica recusa aqui a história; a história nos diz que não há uma essência intemporal da literatura, mas sob o nome de literatura (aliás ele próprio recente), um devir de formas, de funções, de instituições, de razões, de projetos muito diferentes e é precisamente ao historiador que compete dizer-nos sua relatividade; caso contrário ele se condena, precisamente, a não poder explicar os "fatos": abstendo-se de nos dizer por que Racine escrevia (o que podia ser a literatura para um homem de seu tempo), a crítica se proíbe de descobrir por que em determinado momento (depois de *Phèdre*) Racine não escreveu mais. Tudo está ligado: o menor dos problemas literários, mesmo que seja anedótico, pode ter sua chave no quadro mental de uma época, e esse quadro não é o nosso. O crítico deve admitir que é seu próprio objeto, sob sua forma mais geral, a literatura, que lhe resiste ou lhe foge, não o "segredo" biográfico de seu autor.

O segundo ponto onde a crítica universitária deixa ver bem seu engajamento ideológico é o que se poderia chamar de postulado de analogia. Sabe-se que o trabalho dessa crítica é principalmente constituído pela pesquisa das "fontes": trata-se sempre de colocar a obra estudada em relação com alguma coisa *outra*, um *alhures* da literatura; este alhures pode ser uma outra obra (antecedente), uma circunstância biográfica ou ainda uma "paixão" realmente experimentada pelo autor e que ele "exprime" (sempre a *expressão*) em sua obra (Oreste é Racine aos vinte e seis anos, apaixonado e ciumento etc.); o segundo termo da relação importa aliás muito menos do que sua natureza, que é constante em toda crítica objetiva: essa relação é sempre analógica; implica a certeza de que escrever nunca é mais do que reproduzir, copiar, inspirar-se de etc.; as diferenças que existem entre o modelo e a obra (e que seria difícil contestar) são sempre postas por conta do "gênio", noção diante da qual o mais opiniático dos críticos, o mais indiscreto, renuncia bruscamente ao direito de palavra e o racionalista mais desconfiado se transforma em psicólogo crédulo, respeitador da misteriosa alquimia da criação, precisamente quando a analogia não é mais visível: as *semelhanças* da obra decorrem assim do positivismo mais rigoroso, mas por uma singular abdicação, suas *diferenças* decorrem da magia. Ora, esse é um postulado caracterizado; pode-se sustentar, com os mesmos direitos, que a obra literária começa precisamente onde ela deforma seu modelo (ou para ser mais prudente: seu ponto de partida); Bacherlard mostrou que a imaginação poética consistia não em *formar* as imagens, mas pelo contrário em *deformá-las*; e em psicologia, que é o domínio privilegiado das explicações analógicas (a paixão escrita devendo sempre, ao que parece, sair de uma paixão vivida), sabe-se agora que os fenômenos de *denegação* são pelo menos tão importantes quanto os fenômenos de conformidade: um desejo, uma paixão, uma frustração podem muito bem produzir representações *precisamente* contrárias; um móvel real pode *inverter-se* num álibi que o desmente; uma obra pode ser o próprio fantasma que compensa uma vida negativa: Oreste apaixonado por Hermione, é talvez Racine secretamente enjoado da Duparc: a similitude não é absolutamente a relação privilegiada que a criação entretém com o real. A *imitação* (tomando esta palavra no sentido muito largo que Marthe Robert acaba de lhe dar em seu ensaio sobre *L'Ancien et le nouveau*[1]), a imitação segue duas vias retorcidas; quer a definamos em termos hegelianos ou psicanalíticos ou existenciais, uma dialética poderosa destorce sem cessar o modelo

1. Grasset, 1963.

da obra, submete-o a forças de fascinação, de compensação, de irrisão, de agressão, cujo *valor* (isto é, o *valendo-tanto*) deve ser estabelecido não era função de próprio modelo, mas de seu lugar na organização geral da obra. Toca-se aqui uma das responsabilidades mais graves da crítica universitária: centrada sobre uma genética do pormenor literário, ela corre o risco de deixar escapar o sentido funcional, que é sua verdade: procurar com engenhosidade, rigor e pertinácia se Oreste era Racine ou se o Barão de Charlus era o Conde de Montesquieu, é ao mesmo tempo negar que Oreste e Charlus são essencialmente os *termos* de uma rede funcional de figuras, rede que não pode ser apanhada em sua *extensão* a não ser no interior da obra, em seus arredores, não em suas raízes; o homólogo de Oreste não é Racine, é Pyrrhus (segundo uma via evidentemente diferencial) ; o de Charlus não é Montesquieu, é o narrador, na medida precisamente em que o narrador *não é* Proust. Em suma, é a obra que é seu próprio modelo; sua verdade não deve ser procurada em profundidade, mas em extensão; e se existe uma relação entre o autor e sua obra (quem o negaria? a obra não desce do céu: só a crítica positivista acredita ainda na Musa), não é uma relação pontilhista, que somaria semelhanças parceladas, descontínuas e "profundas", mas pelo contrário uma relação entre *todo* o autor e *toda* a obra, *uma relação das relações*, uma correspondência homológica e não analógica.

Parece que nos aproximamos aqui do cerne da questão. Pois se nos voltamos agora para a recusa implícita que a crítica universitária opõe à outra crítica, para adivinhar suas razões, vemos imediatamente que essa recusa não é de modo algum o receio banal do novo; a crítica universitária não é nem retrógrada nem fora de moda (um pouco lenta, talvez): ela sabe perfeitamente adaptar-se. Assim, embora tenha praticado durante anos uma psicologia conformista de homem normal (herdada de Théodule Ribot, contemporâneo de Lanson), ela acaba de "reconhecer" a psicanálise ao consagrar (por um doutoramento particularmente bem acolhido) a crítica de Charles Mauron, de obediência estritamente freudiana. Mas, nessa consagração mesma, é a linha de resistência da crítica universitária que aparece a descoberto: pois a crítica psicanalítica é *ainda* uma psicologia, ela postula um *alhures* da obra (que é a infância do escritor), um segredo do autor, uma matéria a decifrar que continua sendo a alma humana, mesmo que seja às custas de um vocabulário novo: antes uma psicopatologia do escritor do que nenhuma psicologia; pondo em relação os pormenores de uma obra e os pormenores de uma vida, a crítica psicanalítica continua a praticar uma estética das motivações fundada inteiramente sobre a relação de exterioridade: é porque Racine era órfão que há tantos pais em seu teatro: a transcendência biográfica está salva: existem, existirão sempre vidas de escritor a serem esmiuçadas. Em suma, o que a crítica universitária está disposta a admitir (pouco a pouco e depois de sucessivas resistências) é paradoxalmente o princípio mesmo de uma crítica de interpretação, ou, se se prefere (embora a palavra cause ainda medo), de uma crítica ideológica; mas o que ela recusa é que essa interpretação e essa ideologia possam decidir trabalhar num domínio puramente interior à obra; em suma, o que é recusado é a *análise imanente*: tudo é aceitável, contanto que a obra possa ser posta em relação com *outra coisa* além dela mesma, isto é, outra coisa além da literatura: a história (mesmo se ela se tornar marxista), a psicologia (mesmo se ela se fizer psicanálise), esses *alhures* da obra serão pouco a pouco admitidos; o que não o será é um trabalho que se instala *na* obra e só coloca sua relação com o mundo depois de a ter inteiramente descrita do interior, em suas funções, ou, como se diz hoje, em sua estrutura; o que é rejeitado é pois, em grosso, a crítica fenomenológica (que *explicita* a obra ao invés de a *explicar*), a crítica temática (que reconstitui as metáforas interiores da obra) e a crítica estrutural (que tem a obra por um sistema de funções).

Por que essa recusa da imanência (cujo princípio é aliás frequentemente mal compreendido)? Não se pode dar, no momento, mais do que respostas contingentes; talvez seja por submissão obstinada à ideologia determinista, que vê a obra como o "produto" de uma "causa" e considera as causas exteriores como mais "causas" do que as outras; talvez também porque passar de uma crítica das determinações a uma crítica das funções e das significações implicaria uma conversão profunda das normas do saber, portanto da técnica, portanto da própria profissão universitária; não se deve esquecer que a pesquisa não estando ainda separada do ensino, a Universidade trabalha mas também concede diplomas, precisa pois de uma ideologia que seja articulada sobre uma técnica suficientemente difícil para constituir um instrumento de seleção; o positivismo fornece-lhe a obrigação de um saber vasto, difícil, paciente; a crítica imanente – pelo menos ao que lhe parece – não pede mais, diante da obra, do que um poder de *espanto*, dificilmente mensurável: compreende-se que ela hesite em converter suas exigências.

O QUE É A CRÍTICA

É sempre possível dar a público alguns grandes princípios críticos em função da atualidade ideológica, sobretudo na França, onde os modelos teóricos têm um grande prestígio porque dão sem dúvida ao praticante a certeza de participar ao mesmo tempo de um combate, de uma história e de uma totalidade; é assim que nos últimos quinze anos a crítica francesa se desenvolveu, com fortunas diversas, no interior de quatro grande "filosofias". Primeiramente, o que se convencionou chamar, por um termo muito discutível, o existencialismo, e que deu as obras críticas de Sartre, o *Baudelaire*, o *Flaubert*, alguns artigos mais curtos sobre Proust, Mauriac, Giraudoux e Ponge, e sobretudo o admirável *Genet*. Em seguida o marxismo: sabe-se (pois o debate já é antigo) o quanto a ortodoxia marxista foi estéril em crítica, propondo uma explicação puramente mecânica das obras ou promulgando palavras de ordem mais do que critérios de valor; é, pois, se se pode dizer, nas fronteiras do marxismo (e não no seu centro declarado) que se encontra a crítica mais fecunda: a de

L. Goldmann (sobre Racine, Pascal, sobre o Novo Romance, sobre o teatro de vanguarda, sobre Malraux) deve explicitamente muito a Lukács; é uma das mais flexíveis e das mais engenhosas que se possa imaginar a partir da história social e política. Em seguida, ainda, a psicanálise: existe uma crítica psicanalítica de obediência freudiana cujo melhor representante em França, atualmente, seria Charles Mauron (sobre Racine e sobre Mallarmé); mas aqui também a psicanálise "marginal" foi a mais fecunda; partindo de uma análise das substâncias (e não das obras), seguindo as deformações dinâmicas da imagem em numerosos poetas, Gaston Bachelard fundou uma verdadeira escola crítica, tão rica que se pode dizer que a crítica francesa é atualmente, sob sua forma mais desabrochada, de inspiração bachelardiana (G. Poulet, J. Starobinski, J.-P. Richard). Enfim, o estruturalismo (ou, para simplificar ao extremo e de modo sem dúvida abusivo: o formalismo): sabe-se a importância, poder-se-ia dizer a moda, desse movimento em França desde que Claude Lévi-Strauss lhe abriu as ciências sociais e a reflexão filosófica; poucas obras críticas saíram dela até agora; mas muitas se preparam, onde se encontrará sobretudo, sem dúvida, a influência do modelo linguístico edificado por Saussure e alargado por Roman Jakobson (que ele próprio, em sua juventude, participou de um movimento crítico, a escola formalista russa): parece, por exemplo, possível desenvolver uma crítica literária a partir das duas categorias retóricas estabelecidas por Jakobson: a metáfora e a metonímia.

Como se vê, essa crítica francesa é ao mesmo tempo "nacional" (ela deve muito pouco, senão nada, à crítica anglo-saxônica, ao spitzerismo, ao crocismo) e atual, ou, se se preferir, "infiel": inteiramente mergulhada num certo presente ideológico, ela se reconhece mal como participante de uma tradição crítica, a de Sainte-Beuve, a de Taine, ou a de Lanson. O último modelo coloca entretanto para a crítica atual um problema particular. A obra, o método, o espírito de Lanson, ele mesmo protótipo do professor francês, domina há uns cinquenta anos, através de inúmeros epígonos, toda a crítica universitária. Como os princípios dessa crítica, pelo menos declaradamente, são os do rigor e da objetividade no estabelecimento dos fatos, poder-se-ia acreditar que não há nenhuma incompatibilidade entre o lansonismo e as críticas ideológicas, que são todas críticas de interpretação. Entretanto, embora a maior parte dos críticos franceses de hoje (falamos aqui somente da crítica de estrutura e não da crítica impressionista) sejam eles próprios professores, existe uma certa tensão entre a crítica de interpretação e a crítica positivista (universitária). É que de fato o lansonismo é ele próprio uma ideologia; ele não se contenta com exigir a aplicação das regras objetivas de toda pesquisa científica, ele implica convicções gerais sobre o homem, a história, a literatura, as relações do autor e da obra; por exemplo, a psicologia do lansonismo é perfeitamente datada, consistindo essencialmente numa espécie de determinismo analógico segundo o qual os pormenores de uma obra devem *assemelhar-se* aos pormenores de uma vida, a alma de uma personagem à alma do autor etc., ideologia muito particular já que precisamente, desde então, a psicanálise, por exemplo, imaginou relações contrárias de denegação entre uma obra e seu autor. É certo que os postulados filosóficos são realmente inevitáveis; o que se pode censurar ao lansonismo não são seus *partis pris* mas sim o fato de os calar, de os cobrir com o drapeado moral do rigor e da objetividade: a ideologia é aqui introduzida, como uma mercadoria de contrabando, nas bagagens do cientificismo.

Já que esses princípios ideológicos diferentes são possíveis ao *mesmo tempo* (e de minha parte, de certo modo, eu subscrevo *ao mesmo tempo* cada um deles), é que sem dúvida a escolha ideológica não constitui o ser da crítica, e que a verdade não é sua sanção. A crítica é outra coisa diversa de falar certo em nome de princípios "verdadeiros". Portanto o pecado maior, em crítica, não é a ideologia, mas o silêncio com o qual ela é recoberta: esse silêncio culpado tem um nome: é a boa consciência ou, se se preferir, a má-fé. Como acreditar, com efeito, que a obra é um *objeto* exterior à psique e à história daquele que a interroga e em face do qual o crítico teria uma espécie de direito de exterritorialidade? Por que milagre a comunicação profunda que a maioria dos críticos postulam entre a obra e o autor que eles estudam cessaria quando se trata de sua própria obra e de seu próprio tempo? Haveria leis de criação válidas para o escritor mas não para o crítico? Toda crítica deve incluir em seu discurso (mesmo que fosse do modo mais indireto e pudico) um discurso implícito sobre ela mesma; toda crítica é crítica da obra e crítica de si mesma; para retomar um trocadilho de Claudel, ela é conhecimento do outro e co-nascimento[1] de si mesmo ao mundo. Em outros termos ainda, a crítica não é absolutamente uma tabela de resultados ou um corpo de julgamentos, ela é essencialmente uma atividade, isto é, uma série de atos intelectuais profundamente engajados na existência histórica e subjetiva (é a mesma coisa) daquele que os realiza, isto é, os assume. Uma atividade pode ser "verdadeira"? Ela obedece a exigências bem diversas.

Todo romancista, todo poeta, quaisquer que sejam os rodeios que possa fazer a teoria literária, deve falar de objetos e fenômenos mesmo que imaginários, exteriores e anteriores à linguagem: o mundo existe e o escritor fala, eis a literatura. O objeto da crítica é muito diferente; não é "o mundo", é um discurso, o discurso de um outro: a crítica é discurso sobre um discurso; é uma linguagem *segunda* ou *metalinguagem* (como diriam os lógicos), que se exerce sobre uma linguagem primeira (ou *linguagem-objeto*). Daí decorre que a atividade crítica deve contar com duas espécies de relações: a relação da linguagem crítica com a linguagem do autor observado e a relação dessa linguagem-objeto com o mundo. É o "atrito" dessas duas linguagens que define a crítica e lhe dá talvez uma grande semelhança com uma outra atividade mental, a lógica, que também se funda inteiramente sobre a distinção da linguagem-objeto e da metalinguagem.

Pois, se a crítica é apenas uma metalinguagem, isto quer dizer que sua tarefa não é absolutamente descobrir "verdades" mas somente "validades". Em si, uma linguagem não é verdadeira ou falsa, ela é válida ou não: válida, isto é, constituindo um sistema coerente de signos. As regras a que está

---

1. Trocadilho entre as palavras francesas *conaissance* (conhecimento) e *co-naissance* (co-nascimento). (N. da T.)

160

sujeita a linguagem literária não concernem a conformidade dessa linguagem com o real (quaisquer que sejam as pretensões das escolas realistas), mas somente sua submissão ao sistema de signos que o autor fixou para si mesmo (e é preciso, é claro, dar aqui um sentido muito forte à palavra *sistema*). A crítica não consiste em dizer se Proust falou "certo", se o Barão de Charlus era mesmo o Conde de Montesquieu, se Françoise era Celeste, ou mesmo, de um modo mais geral, se a sociedade que ele descreveu reproduzia com exatidão as condições históricas de eliminação da nobreza no fim do século XIX; seu papel é unicamente elaborar ela mesma uma linguagem cuja coerência, cuja lógica, e para dizer tudo, cuja sistemática possa recolher, ou melhor ainda "integrar" (no sentido matemático da palavra) a maior quantidade possível de linguagem proustiana, exatamente como uma equação lógica experimenta a validade de um raciocínio sem tomar partido quanto à "verdade" dos argumentos que ele mobiliza. Pode-se dizer que a tarefa crítica (esta é a única garantia de sua universalidade) é puramente formal: não consiste em "descobrir", na obra ou no autor observados, alguma coisa de "escondido", de "profundo", de "secreto", que teria passado despercebida até então (por que milagre? somos nós mais perspicazes do que nossos predecessores?), mas somente em *ajustar*, como um bom marceneiro que aproxima apalpando "inteligentemente" duas peças de um móvel complicado, a linguagem que lhe fornece sua época (existencialismo, marxismo, psicanálise) à linguagem, isto é, ao sistema formal de constrangimentos lógicos elaborados pelo próprio autor segundo sua própria época. A "prova" de uma crítica não é de ordem "alética" (não depende da verdade), pois o discurso crítico – como aliás o discurso lógico – nunca é mais que tautológico: ele consiste finalmente em dizer com atraso, mas colocando-se inteiramente nesse atraso, que por isso mesmo não é insignificante: Racine é Racine, Proust é Proust; a "prova" crítica, se ela existe, depende de uma aptidão não para *descobrir* a obra interrogada, mas ao contrário para *cobri-la* o mais completamente possível com sua própria linguagem.

Trata-se pois, uma vez mais, de uma atividade essencialmente formal, não no sentido estético mas no sentido lógico do termo. Poder-se-ia dizer que para a crítica o único modo de evitar a "boa consciência" ou a "má-fé" de que se falou no começo é propor-se por fim moral não o deciframento do sentido da obra estudada mas a reconstituição das regras e constrangimentos de elaboração desse sentido; com a condição de admitir imediatamente que a obra literária é um sistema semântico muito particular, cujo fim é dar "sentido" ao mundo, mas não "um sentido"; a obra, pelo menos a que chega geralmente ao olhar do crítico, e talvez seja essa uma definição possível da "boa" literatura, a obra nunca é completamente insignificante (misteriosa ou "inspirada") nem jamais completamente clara; ela é, se se quiser, sentido *suspenso*: ela se oferece com efeito ao leitor como um sistema significante declarado, mas se furta a ele como objeto significado. Essa espécie de *decepção*, de *desapreensão* do sentido explica por um lado que a obra literária tenha tanta força para fazer perguntas ao mundo (abalando os sentidos assegurados, que as crenças, as ideologias e o senso comum parecem guardar em seu poder), sem entretanto nunca a elas responder (não há grande obra que seja "dogmática"); e, por outro lado, que ela se ofereça a um deciframento infinito, já que não há nenhuma razão para que se cesse um dia de falar de Racine ou de Shakespeare (senão por um abandono que será ele próprio uma linguagem): ao mesmo tempo proposta insistente de sentido e sentido obstinadamente fugidio, a literatura é tão somente uma *linguagem*, isto é, um sistema de signos: seu ser não está em sua mensagem, mas nesse "sistema". E, por isso mesmo, o crítico não tem de reconstituir a mensagem da obra, mas somente seu sistema, assim como o linguista não tem de decifrar o sentido de uma frase, mas de estabelecer a estrutura formal que permite a esse sentido ser transmitido.

É com efeito ao reconhecer que ela mesma não é mais do que uma linguagem (ou mais exatamente uma metalinguagem) que a crítica pode ser, de modo contraditório mas autêntico, ao mesmo tempo objetiva e subjetiva, histórica e existencial, totalitária e liberal. Pois, por um lado a linguagem que cada crítico escolhe falar não lhe desce do céu, ela é uma das algumas linguagens que sua época lhe propõe, ela é objetivamente o termo de um certo amadurecimento histórico do saber, das ideias, das paixões intelectuais, ela é uma *necessidade*; e por outro lado essa linguagem necessária é escolhida por todo crítico em função de uma certa organização existencial, como o *exercício* de uma função intelectual que lhe pertence particularmente, exercício no qual ele põe toda a sua "profundidade", isto é, suas escolhas, seus prazeres, suas resistências, suas obsessões. Assim pode travar-se, no seio da obra crítica, o diálogo de duas histórias e de duas subjetividades, as do autor e as do crítico. Mas esse diálogo é egoisticamente todo desviado para o presente: a crítica não é uma "homenagem" à verdade do passado, ou a verdade do "outro", ela é construção da inteligência de nosso tempo.

LITERATURA E SIGNIFICAÇÃO[1]

I. *Você sempre se interessou pelos problemas da Significação, mas só recentemente, ao que parece, deu a esse interesse a forma de uma pesquisa sistemática inspirada na linguística estrutural, pesquisa que você chamou, de acordo com Saussure e outros, semiologia. Do ponto de vista de uma concepção "semiológica" da literatura, a atenção que você dedicou há tempos ao teatro lhe parece ainda hoje justificada por um estatuto exemplar da teatralidade? E, mais especialmente na obra de Brecht, pela qual você militou no Théâtre populaire desde 1955, isto é, antes da sistematização da qual acabo de falar?*

Que é o teatro? Uma espécie de máquina cibernética. Em repouso, essa máquina está escondida por detrás de uma cortina. Mas, desde que a descobrimos, ela se põe a nos enviar um certo número de mensagens. Essas mensagens têm

1. Respostas a um questionário elaborado pela revista *Tel Quel*, em 1963.

isto de particular: são simultâneas e entretanto de ritmo diferente; em tal ponto do espetáculo, recebemos *ao mesmo tempo* seis ou sete informações (vindas do cenário, das vestimentas, da iluminação, do lugar dos atores, de seus gestos, de sua mímica, de suas palavras), mas algumas dessas informações *permanecem* (é o caso do cenário), enquanto outras *se movem* (a palavra, os gestos); estamos pois a braços com uma verdadeira polifonia informacional, e é isso a teatralidade: *uma espessura de signos* (falo aqui com relação à monodia literária, e deixando de lado o problema do cinema). Que relações esses signos dispostos em contraponto (isto é, ao mesmo tempo espessos e estendidos, simultâneos e sucessivos), que relações esses signos têm entre si? Eles não têm os mesmos significantes (por definição); mas têm sempre o mesmo significado? *Concorrem* eles para um sentido único? Qual é a relação que os une, através de um tempo frequentemente bastante longo, a esse sentido final, que é, se se pode dizer, um sentido retrospectivo, já que ele não está na última réplica e no entanto só fica claro quando a peça termina? Por outro lado, como é formado o significante teatral? Quais são seus modelos? Como sabemos, o signo linguístico não é "analógico" (a palavra "boi" não se parece com um boi), ele é formado por referência a um código digital; mas os outros significantes, digamos para simplificar, os significantes visuais, que reinam como senhores sobre o palco? Toda representação é um ato semântico extremamente denso: relação do código com a encenação (isto é, da língua com a fala), natureza (analógica, simbólica, convencional?) do signo teatral, variações significantes desse signo, constrangimentos de encadeamento, denotação e conotação da mensagem, todos esses problemas fundamentais da semiologia estão presentes no teatro; pode-se mesmo dizer que o teatro constitui um objeto semiológico privilegiado, já que seu sistema é aparentemente original (polifônico) com relação ao da língua (que é linear).

Brecht ilustrou – e justificou – com brilho esse estatuto semântico do teatro. Primeiramente, ele compreendeu que o fato teatral podia ser tratado em termos cognitivos, e não em termos emotivos; ele aceitou pensar o teatro intelectualmente, abolindo a distinção mítica (rançosa mas ainda vivaz) entre a criação e a reflexão, a natureza e o sistema, o espontâneo e o racional, o "coração" e a "cabeça"; seu teatro não é nem patético nem cerebral: é um teatro *fundado*. E depois, ele decidiu que as formas dramáticas tinham uma responsabilidade política; que o lugar de um projetor, a interrupção de uma cena por uma canção, a adição de um cartaz, o grau de desgaste de uma vestimenta, a dicção de um ator *significavam* um certo *parti pris*, não sobre a arte, mas sobre o homem e sobre o mundo; em suma, que a materialidade do espetáculo não dizia respeito somente a uma estética ou a uma psicologia da emoção, mas também e principalmente a uma técnica da significação; por outros termos, que o sentido de uma obra teatral (noção insípida geralmente confundida com a "filosofia" do autor) dependia, não de uma soma de intenções e de "achados", mas daquilo que se deve designar como um sistema intelectual de significantes. Enfim, Brecht pressentiu a variedade e a relatividade dos sistemas semânticos: o signo teatral *não é uma coisa óbvia*; aquilo que chamamos de *natural* num ator ou de *verdade* num desempenho, é apenas uma linguagem entre outras (uma linguagem realiza sua função, que é de comunicar, por sua validade, não por sua verdade), e essa linguagem é tributária de um certo quadro mental, isto é, de uma certa história, de modo que *mudar os signos* (e não somente o que eles dizem), é dar à natureza *uma nova distribuição* (empresa que define precisamente a arte), e fundar essa distribuição não sobre leis "naturais", mas muito pelo contrário sobre a liberdade que os homens têm de fazer significar as coisas.

Mas sobretudo, no preciso momento em que ele ligava esse teatro da significação a um pensamento político, Brecht, por assim dizer, afirmava o sentido mas não o preenchia. Certamente, seu teatro é ideológico, mais francamente do que muitos outros: ele toma partido sobre a natureza, o trabalho, o racismo, o fascismo, a história, a guerra, a alienação; entretanto, é um teatro da consciência, não da ação, do problema, não da resposta; como toda linguagem literária, ele serve para "formular", não para "fazer"; todas as peças de Brecht terminam implicitamente por um "Procurem a saída"

167

dirigido ao espectador em nome daquele deciframento ao qual a materialidade do espetáculo deve conduzir: *consciência da inconsciência*, consciência que a sala deve ter da inconsciência que reina sobre o palco, tal é o teatro de Brecht. É sem dúvida o que explica que esse teatro seja tão fortemente significante e tão pouco pregador; o papel do sistema não é aqui transmitir uma mensagem positiva (não é um teatro dos significados), mas fazer compreender que o mundo é um objeto que deve ser decifrado (é um teatro dos significantes). Brecht aprofunda assim o estatuto tautológico de toda literatura, que é mensagem da significação das coisas, e não de seu sentido (entendo sempre *significação* como processo que produz o sentido, e não esse sentido ele próprio). O que torna a empresa de Brecht exemplar é que ela é mais arriscada do que qualquer outra; Brecht aproximou-se ao extremo de um *certo* sentido (que se poderia chamar grosseiramente de sentido marxista), mas no momento em que esse sentido "pegava" (se solidificava em significado positivo), ele o suspendeu como pergunta (suspensão que reencontramos na qualidade particular do tempo histórico que ele representa em seu teatro, e que é um tempo do *ainda-não*). Esse atrito muito sutil de um sentido (pleno) e de uma significação (suspensa) é uma empresa que deixa muito para trás, em audácia, em dificuldade, em necessidade também, a suspensão de sentido que a vanguarda acreditava praticar por uma pura subversão da linguagem comum e do conformismo teatral. Uma pergunta vaga (do gênero daquelas que uma filosofia do "absurdo" podia fazer ao mundo) tem muito menos força (agita menos) do que uma pergunta cuja resposta está bem próxima mas no entanto parada (como a de Brecht): em literatura, que é uma ordem da conotação, não há pergunta *pura*: uma pergunta nunca é mais do que sua própria resposta esparsa, dispersa em fragmentos entre os quais o sentido se difunde e foge ao mesmo tempo.

II. *Que sentido você dá à passagem, que você mesmo sublinhou, da literatura "engajada" da época Camus-Sartre, à literatura "abstrata" de hoje? Que acha dessa despolitização maciça e espetacular da literatura, por parte de escritores que,* *no mais das vezes, não são apolíticos, e são mesmo, em geral, "de esquerda"? Acredita que esse "grau zero" da história seja um silêncio pesado de sentido?*

Pode-se sempre pôr em relação um fato cultural com alguma "circunstância" histórica; pode-se ver uma relação (ou causal, ou analógica, ou de afinidade) entre a despolitização atual da obra de um lado e o krutchevismo ou o gaulismo por outro lado, como se o escritor se tivesse deixado impregnar por um clima geral de não participação (seria entretanto preciso dizer por que o stalinismo ou a IV República incitavam a "engajar" mais a obra!). Mas se se quiser tratar os fenômenos culturais em termos de história profunda, é preciso esperar que a história se deixe ler ela própria em sua profundidade (ninguém nos disse ainda o que era o gaulismo); o que existe *sob* a literatura declaradamente engajada e *sob* a literatura aparentemente desengajada, e que é talvez comum, só poderá ser lido mais tarde; pode ser que o sentido histórico só surja no dia em que se possam agrupar, por exemplo, o Surrealismo, Sartre, Brecht, a literatura "abstrata" e mesmo o estruturalismo, como vários *modos* de uma mesma ideia. Essas "pontas" de literatura só têm sentido se se puder relacioná-las com conjuntos muito mais vastos; hoje, por exemplo – ou, em todo caso, dentro em breve – não é ou não será mais possível compreender a literatura "heurística" (a que procura) sem a relacionar funcionalmente com a cultura de massa, com a qual ela entreterá (e já entretém) relações complementares de resistência, de subversão, de troca ou de cumplicidade (é a *aculturação* que domina nossa época, e pode-se sonhar com uma história paralela – a relacional – do Novo Romance e da imprensa tipo consultório sentimental). Em realidade, literatura "engajada" ou literatura "abstrata", nós mesmos só podemos perceber aqui uma diacronia, não uma história; essas duas literaturas (aliás exíguas: nada de comparável com a expansão do Classicismo, do Romantismo ou do Realismo) são, antes, *modas* (retirando, é claro, dessa palavra, todo sentido fútil), e eu seria tentado a ver, quanto a mim, em sua alternância, aquele fenômeno inteiramente formal de rotação dos possíveis que define precisamente a Moda: ocorre o esgotamento de uma palavra e a passagem à palavra antinômica: aqui é a *diferença* que é o motor, não da história, mas da diacronia; a história só intervém, precisamente, quando esses microrritmos são perturbados e quando essa espécie de ortogênese diferencial das formas é excepcionalmente bloqueada por todo um conjunto de funções históricas: é o que dura que deve ser explicado, não o que "gira". Poder-se-ia dizer alegoricamente que a história (imóvel) do alexandrino é mais significativa do que a moda (fugitiva) do trímetro: quanto mais as formas persistem, mais elas se aproximam daquele inteligível histórico que me parece ser, hoje, o objeto de toda crítica.

III. *Você disse (em* Clartés) *que a literatura é "constitutivamente reacionária" e em outra parte (em* Arguments) *que ela "faz boas perguntas ao mundo" e que ela constitui uma interrogação fecunda. Como você desfaz essa contradição aparente? Diria o mesmo das outras artes, ou considera que existe um estatuto particular da literatura, que a torna mais reacionária, ou mais fecunda do que as outras?*

Existe um estatuto particular da literatura que consiste nisto: ela é feita com linguagem, isto é, com uma matéria que *já* é significante no momento em que a literatura dela se apodera: é preciso que a literatura *deslize para* um sistema que não lhe pertence, mas que funciona apesar de tudo com os mesmos fins do que ela, isto é: comunicar. Disso decorre que os debates da linguagem e da literatura formam de certo modo o próprio ser da literatura: estruturalmente, a literatura é apenas um objeto parasita da linguagem; quando se lê um romance, não se consome *primeiro* o significado "romance"; a ideia de literatura (ou de outros temas que dependem dela) não é a mensagem que se recebe; é um significado que se acolhe *a mais*, marginalmente; a gente o sente flutuar vagamente numa zona paróptica; o que se consome são as unidades, as relações, em suma, as palavras e a sintaxe do primeiro sistema (que é a língua francesa); e, no entanto, o ser desse discurso que se lê (seu "real") é mesmo a literatura, e não a anedota que ele nos transmite; em suma, aqui, é o sistema parasita que é o principal, pois ele detém a última inteligibilidade do conjunto: por outras palavras, é ele que é o "real". Essa espécie de inversão astuciosa das funções explica as ambiguidades bem conhecidas do discurso literário: é um discurso no qual se acredita sem acreditar, pois o ato de leitura se funda num torniquete incessante entre dois sistemas: vejam minhas palavras, sou linguagem; vejam meu sentido, sou literatura.

As outras "artes" não conhecem essa ambiguidade constitutiva. Certamente, um quadro figurativo transmite (por seu "estilo", suas referências culturais) muitas outras mensagens além da própria "cena" que representa, a começar pela própria ideia de quadro; mas sua "substância" (para falar como os linguistas) é constituída por linhas, cores, relações, que não são significantes em si (ao contrário da substância linguística que só serve para significar); se isolamos uma frase dum diálogo romanesco, *nada* pode *a priori* distingui-la de uma porção da linguagem comum, isto é, do real, que lhe serve, em princípio, de modelo; mas por mais que escolhamos, no mais realista dos quadros, o mais verista dos detalhes, nunca obteremos mais do que uma superfície plana e revestida, e não a matéria do objeto representado: uma distância *substancial* permanece entre o modelo e sua cópia. Disso decorre uma curiosa contradança; na pintura (figurativa) há analogia entre os elementos do signo (significante e significado) e disparidade entre a substância do objeto e a de sua cópia; na literatura, pelo contrário, existe coincidência das duas substâncias (é sempre linguagem), mas dessemelhança entre o real e sua versão literária, já que aqui a ligação se faz, não através das formas analógicas mas através de um código digital (binário ao nível dos fonemas), o da linguagem. Somos assim reconduzidos ao estatuto fatalmente irrealista da literatura, que só pode "evocar" o real através de uma escala, a linguagem, escala que mantém ela própria com o real uma relação institucional, e não natural. A arte (pictórica), quaisquer que sejam os desvios e os direitos da cultura, pode sempre sonhar com a natureza (e ela o faz, mesmo em suas formas ditas abstratas); a literatura, porém, só tem como sonho e como natureza imediata a linguagem.

Esse estatuto "linguístico" da literatura explica suficientemente, acho, as contradições éticas que atingem seu uso. Cada vez que se valoriza ou se sacraliza o "real" (o que tem sido até agora o próprio das ideologias progressistas), percebe-se que a literatura não é mais do que linguagem, e ainda mais: linguagem segunda, sentido parasita, de modo que ela pode conotar o real, não denotá-lo: o *logos* aparece então irremediavelmente cortado da *práxis*; impotente para *realizar* a linguagem, isto é, ultrapassá-la em direção a uma transformação do real, privada de toda transitividade, condenada a se significar incessantemente ela própria no momento em que ela gostaria de significar apenas o mundo, a literatura é então um objeto imóvel, separado do mundo que se faz. Mas também, cada vez que não se *fecha* a descrição, cada vez que se escreve de um modo suficientemente ambíguo para deixar fugir o sentido, cada vez que se faz *como se o mundo significasse*, sem entretanto dizer o quê, então a escritura liberta uma pergunta, ela sacode o que existe, sem entretanto nunca pré-formar o que ainda não existe, ela dá sopro ao mundo: em suma, a literatura não permite andar, mas permite respirar. Este é um estatuto estreito, e aliás ocupado – ou transbordado – muito diversamente pelos autores; tome-se, por exemplo, um dos últimos romances de Zola (um dos *Quatro Evangelhos*): o que envenena a obra é que Zola responde à pergunta que faz (ele diz, declara, nomeia o Bem social), mas o que lhe deixa seu sopro, seu sonho ou sua sacudida, é a própria técnica romanesca, um modo de dar à notação um *porte* de signo.

Poder-se-ia dizer, acredito, que a literatura é Orfeu subindo dos infernos; enquanto ela vai em frente, *sabendo entretanto que conduz alguém*, o real que está atrás dela e que ela puxa pouco a pouco do inomeado, respira, anda, vive, dirige-se para a claridade de um sentido; mas logo que ela se volta para aquilo que ama, só resta entre suas mãos um sentido nomeado, isto é, um sentido morto.

IV. *Várias vezes você definiu a literatura como um sistema de significação "decepcionante", no qual o sentido é ao mesmo tempo "colocado e desiludido". Essa definição vale para toda* *a literatura ou para a literatura moderna somente? Ou ainda só para o leitor moderno, que dá assim uma função nova mesmo aos textos antigos? Ou ainda a literatura moderna manifesta de modo mais nítido um estatuto até então latente? E, nesse caso, de onde viria essa revelação?*

A literatura possuirá uma forma, senão eterna, pelo menos trans-histórica? Para responder seriamente a essa pergunta, falta-nos um instrumento essencial: uma história da *ideia* de literatura. Escreve-se constantemente (pelo menos desde o século XIX, o que já é significativo) a história das obras, das escolas, dos movimentos, dos autores, mas nunca se escreveu a história do *ser* literário. *Que é a literatura?*: essa pergunta célebre permanece paradoxalmente uma pergunta de filósofo ou de crítico, ainda não é uma pergunta de historiador. Só posso, portanto, arriscar uma resposta hipotética – e sobretudo muito geral.

Uma técnica decepcionante do sentido, que quer dizer isso? Isso quer dizer que o escritor se aplica em multiplicar as significações sem as preencher nem fechar, e que utiliza a linguagem para constituir um mundo enfaticamente significante, mas finalmente jamais significado. Será assim para *toda* literatura? Sim, sem dúvida, pois definir a literatura por sua técnica do sentido é dar-lhe por único limite uma linguagem contrária, que só pode ser a linguagem transitiva; essa linguagem transitiva é aquela que visa a transformar imediatamente o real, não a *duplicá-lo*: palavras "práticas" ligadas a atos, a técnicas, a condutas, palavras invocadas ligadas a ritos, já que eles também pretendem abrir a natureza; mas desde que uma linguagem cessa de ser incorporada a uma *práxis*, desde que se põe a contar, a *recitar* o real, tornando-se assim uma linguagem *para-si*, aparecem segundos sentidos, invertidos e fugidios, e por conseguinte a instituição de algo que chamamos precisamente a *literatura*, mesmo quando falamos de obras saídas de um tempo em que a palavra não existia; uma tal definição só pode pois transportar a "não literatura" a uma pré-história que não conhecemos, onde a linguagem era somente religiosa ou prática (seria melhor dizer: práxica). Existe pois sem dúvida, uma grande

173

forma literária que recobre tudo o que conhecemos do homem. Esta forma (antropológica) recebeu, é certo, conteúdos, usos e formas subsidiárias ("gêneros") muito diferentes segundo as histórias das sociedades. Por outro lado, no interior de uma história restrita como a do nosso Ocidente (embora, a bem dizer, do ponto de vista da técnica do sentido literário, não haja nenhuma diferença entre uma Ode de Horácio e um poema de Prévert, um capítulo de Heródoto e um artigo de *Paris-Match*), a instituição e a decepção do sentido puderam realizar-se através de técnicas secundárias muito variadas; os elementos da significação podem ser acentuados diferentemente, de modo a produzir escrituras muito diversas e sentidos mais ou menos preenchidos; pode-se, por exemplo, codificar fortemente os significantes literários, como na escritura clássica ou, pelo contrário, entregá-los ao acaso, criador de sentidos inéditos, como em certas poéticas modernas; podemos extenuá-los, apagá-los, aproximá-los, ao extremo, da denotação, ou pelo contrário exaltá-los, exasperá-los (como na escritura de Léon Bloy, por exemplo); em suma, o *jogo* dos significantes pode ser infinito, mas o signo literário permanece imutável: desde Homero e até as narrativas polinesianas, ninguém jamais transgrediu a natureza ao mesmo tempo significante e decepcionante dessa linguagem intransitiva, que "duplica" o real (sem se juntar a ele) e que chamamos de "literatura": talvez precisamente porque ela é um *luxo*, o exercício do poder inútil que os homens têm de fazer *vários* sentidos com uma só palavra.

Entretanto, se a literatura foi em todos os tempos, por sua própria técnica (que é seu ser), um sistema do sentido colocado e desiludido, e se esta é sua natureza antropológica, existe um ponto de vista (que não é mais o da história) onde a oposição das literaturas de sentido pleno e de sentido suspenso retoma uma certa realidade: é o ponto de vista normativo. Parece que hoje concedemos um privilégio meio estético, meio ético aos sistemas francamente decepcionantes, na medida em que a *pesquisa* literária é constantemente levada às fronteiras do sentido: é em suma a franqueza do estatuto literário que se torna um critério de valor: a "má" literatura é aquela que pratica uma boa consciência do sentido pleno, e a "boa" literatura é, pelo contrário, a que luta abertamente com a tentação do sentido.

V. *Parece que há duas atitudes assaz divergentes na crítica atual: por um lado, as "críticas de significação", como Richard, Poulet, Starobinski, Mauron, Goldmann, que tendem todos, apesar das fortes diferenças entre eles, a "dar sentido" e mesmo, constantemente, novos sentidos às obras; do outro lado, Blanchot, que tende a retirar as obras do mundo do sentido, ou pelo menos a interrogá-las fora de qualquer técnica de produção do sentido e em seu próprio silêncio. Você mesmo dá a impressão de participar ao mesmo tempo dessas duas atitudes. Se assim é, como vê a conciliação ou a superação possível? A tarefa da crítica é fazer falar as obras ou amplificar seu silêncio, ou as duas coisas, e segundo que divisão?*

A crítica de significação de que você fala pode ser ela mesma, ao que me parece, dividida em dois grupos distintos; de um lado, uma crítica que dá uma grande plenitude e um contorno muito firme ao significado da obra literária, já que, para dizer tudo, ela o *nomeia*. Esse significado nomeado é, no caso de Goldmann, a situação política real de certo grupo social (para a obra de Racine e de Pascal, é a ala direitista da burguesia jansenista); no caso de Mauron, é a situação biográfica do escritor no momento de sua infância (Racine órfão, educado por um pai postiço, Port-Royal). Essa acentuação – ou essa nomeação – do significado desenvolve muito menos do que se poderia acreditar, o caráter significante da obra, mas o paradoxo é apenas aparente, se nos lembrarmos de que a força de um signo (ou melhor, de um sistema de signos) não depende de seu caráter completo (presença realizada de um significante e de um significado) ou daquilo que se poderia chamar de sua raiz, mas antes das relações que o signo entretém com seus vizinhos (reais ou virtuais) e que se poderia chamar de seus arredores; em outros termos, é a atenção dada à organização dos significantes que funda uma verdadeira crítica da significação, muito mais do que a descoberta do significado e da relação que o une a seu significante. É o que explica que, com um significado

forte, as críticas de Goldmann e de Mauron estão constantemente ameaçadas por dois fantasmas, em geral muito hostis
à significação; no caso de Goldmann, o significante (a obra
ou, para ser mais exato, a escala que Goldmann introduz
justamente e que é a visão do mundo) corre sempre o risco
de aparecer como o *produto* da conjuntura social, a significação servindo no fundo para mascarar o velho esquema
determinista; e no caso de Mauron, esse mesmo significante
se separa mal da *expressão*, cara à antiga psicologia (eis por
que, sem dúvida, a Sorbonne acaba de ingerir tão facilmente
a psicanálise literária, sob as espécies da tese de Mauron).

Sempre na crítica de significação, mas em frente, está o
grupo de críticos que se poderia chamar, de um modo expeditivo, *temático* (Poulet, Starobinski, Richard); essa crítica
pode, com efeito, ser definida pela ênfase que põe na *découpage* da obra e sua organização em vastas redes de formas
significantes. Certamente, essa crítica reconhece na obra um
significado implícito que é, em grosso, o projeto existencial
do autor, e sobre esse ponto, assim como no primeiro grupo
o signo estava ameaçado pelo produto ou pela expressão, da
mesma forma aqui se separa mal o *índice*; mas, por um lado,
esse significado não é nomeado, o crítico o deixa extensivo
às formas que analisa; ele só surge da *découpage* dessas formas, não é exterior à obra, e essa crítica continua sendo uma
crítica imanente (eis por que, sem dúvida, a Sorbonne parece
resistir-lhe um pouco); e, por outro lado, aplicando seu trabalho (sua atividade) sobre uma espécie de organização re-
ticular da obra, essa crítica se constitui principalmente em
crítica do significante, e não em crítica do significado.

Vê-se que, mesmo através da crítica de significação, existe uma evanescência progressiva do significado[1], que parece
ser exatamente o ponto central de todo esse debate crítico;
entretanto, os significantes estão sempre presentes, atestados
aqui pela "realidade" do significado, ali pela *découpage* da
obra segundo uma pertinência que não é mais estética mas
estrutural, e é nisso que se pode opor, como você o faz, toda
essa crítica ao discurso de Blanchot, linguagem aliás mais do
que metalinguagem, o que dá a Blanchot um lugar indeciso
entre a crítica e a literatura. Entretanto, recusando à obra,

toda "solidificação" semântica, Blanchot não faz mais do que desenhar o *côncavo* do sentido, e esta é uma empresa cuja própria dificuldade concerne a crítica de significação (e talvez a concernirá cada vez mais); não se deve esquecer que o "não senso" é apenas um objeto tendencial, uma espécie de pedra filosofal, talvez um paraíso (perdido ou inacessível) do intelecto; fazer sentido é muito fácil, toda a cultura de massa o elabora continuamente; suspender o sentido já é uma empresa infinitamente mais complicada, é, se se quiser, uma "arte"; mas "aniquilar" o sentido é um projeto desesperado, na proporção de sua impossibilidade. Por quê? Porque o "fora-de-sentido" é infalivelmente absorvido (num dado momento que a obra só tem o poder de retardar) no "não sentido", que, este, é decididamente um sentido (sob o nome de absurdo): que há de mais significante do que o sentido ou as subversões do sentido, de Camus a Ionesco? A bem dizer, o sentido só pode conhecer seu *contrário*, que é, não a ausência, mas o contrário, de modo que todo "não sentido" nunca é mais, ao pé da letra, do que um "contra-sentido"; não existe, (senão a título de projeto, isto é, de frágil *sursis*) o "grau zero" do sentido. A obra de Blanchot (crítica ou "romanesca") representa pois, à sua maneira, que é singular (mas acredito que ela teria correspondentes em pintura e em música), uma espécie de epopeia do sentido, adâmica, se se pode dizer, já que é a do primeiro homem de *antes do sentido*.

VI. *Você constata (em Sur Racine) que Racine é aberto a todas as linguagens críticas modernas, e você parece desejar que ele se abra ainda a outras. Ao mesmo tempo, você parece ter adotado sem nenhuma hesitação a linguagem da crítica psicanalítica para Racine, como tinha adotado para Michelet a da psicanálise substancial. Parece pois que, a seus olhos, tal autor chama espontaneamente tal linguagem; esse jato denuncia uma certa relação entre a obra e você próprio, e outra abordagem lhe pareceria igualmente legítima, em princípio, ou acha que há objetivamente uma adequação entre tal autor e tal linguagem crítica?*

Como negar que existe uma relação pessoal entre um crítico (ou mesmo, entre determinado momento de sua vida) e sua linguagem? Mas essa é precisamente uma determinação que a crítica de significação recomenda que se supere: não escolhemos uma linguagem porque ela nos parece necessária mas tornamos necessária a linguagem que escolhemos. Diante de seu objeto, o crítico goza pois de uma liberdade absoluta; resta somente saber o que o mundo permite fazer dela.

Se, com efeito, a crítica é uma linguagem – ou mais exatamente, uma metalinguagem –, ela tem por sanção, não a verdade, mas sua própria validade, e qualquer crítica pode apoderar-se de qualquer objeto; essa liberdade de princípio é entretanto submetida a duas condições, e essas condições, se bem que sejam internas, são precisamente as que permitem ao crítico alcançar o inteligível de sua própria história: é que, por um lado, a linguagem crítica que se escolheu seja homogênea, estruturalmente coerente, e por outro lado, que consiga saturar todo o objeto de que fala. Por outras palavras, em princípio, não há nenhuma proibição para a crítica, somente exigências, e em seguida, resistências. Essas resistências têm um sentido, não podemos tratá-las de modo indiferente e irresponsável; é preciso, por um lado, entrar em luta com elas (se se quer "descobrir" a obra), mas por outro lado é preciso também compreender que ali onde elas são fortes demais, elas revelam um problema novo e obrigam então a mudar a linguagem crítica.

Sobre o primeiro ponto, não se deve esquecer que a crítica é uma atividade, uma "manipulação", e que é pois legítimo procurar ao mesmo tempo o problema mais difícil e o "arranjo" mais elegante (no sentido que essa palavra pode ter em matemática); é portanto fecundo que a crítica procure em seu objeto a pertinência que lhe permite realizar o melhor possível sua natureza de linguagem ao mesmo tempo coerente e total, isto é, ser por sua vez significante (de sua própria história). Que interesse haveria em submeter Michelet a uma crítica ideológica, já que a ideologia de Michelet é perfeitamente clara? O que chama a leitura são as deformações que a linguagem michelista faz sofrer ao credo pequeno--burguês do século XIX, a refração dessa ideologia numa poética das substâncias, moralizadas segundo uma certa ideia do Bem e do Mal políticos, e é nisso que a psicanálise

178

substancial (no caso de Michelet) tem alguma chance de ser total: ela pode recuperar a ideologia, enquanto a crítica ideológica não recupera nada da experiência de Michelet diante das coisas: seria preciso sempre escolher *a maior crítica*, a que ingere a maior quantidade possível de seu objeto. A crítica de Goldmann, por exemplo, é justificada, na medida em que nada, à primeira vista, predispõe Racine, autor aparentemente desengajado, a uma leitura ideológica; a que Richard deu de Stendhal é da mesma forma exemplar, porque o "cerebral" se oferece a uma psicanálise muito mais dificilmente do que o "humoral"; não se trata, está claro, de procurar a todo custo a *originalidade* (ainda que a crítica, como toda arte da comunicação, tenha de submeter-se a valores informacionais), mas de apreciar a distância que a linguagem crítica deve percorrer para alcançar seu objeto.

Essa distância, entretanto, não pode ser infinita; pois, se a crítica tem algo de um *jogo*, é no seu sentido mecânico que devemos tomar aqui o termo (ela procura revelar o funcionamento de determinado aparelho, experimentando a juntura das peças, mas também deixando que elas *joguem*), não em seu sentido lúdico: a crítica é livre, mas sua liberdade é vigiada, definitivamente, por certos *limites* do objeto que ela escolheu. Assim, trabalhando sobre Racine, eu tinha tido primeiramente a ideia de uma psicanálise substancial (indicada já por Starobinski), mas essa crítica, pelo menos tal como eu a via, encontrava demasiadas resistências e fui levado a uma psicanálise ao mesmo tempo mais clássica (já que ela dá uma grande importância ao Pai) e mais estrutural (já que ela faz do teatro raciniano um *jogo* de figuras, puramente relacionais). Entretanto essa resistência invicta não é insignificante: pois se é difícil psicanalisar Racine em termos de substâncias, é que a maior parte das imagens racinianas pertence a uma espécie de *folclore* da época, ou, se se preferir, a um código geral que foi a linguagem retórica de toda a sociedade, o imaginário raciniano sendo apenas uma fala saída dessa língua, o caráter coletivo desse imaginário não se subtrai absolutamente a uma psicanálise substancial, ele obriga somente a alargar consideravelmente a pesquisa e a tentar uma psicanálise de época, não uma psicanálise de autor: J. Pommier já pedia, por exemplo, que se estudasse o tema da *metamorfose* na literatura clássica. Uma tal psicanálise de época (ou de "sociedade") seria uma empresa completamente nova (pelo menos em literatura): mas seria preciso ter os meios de fazê-la.

Essas determinações podem parecer empíricas, e em grande parte o são, mas o empírico é ele próprio significante, na medida em que é feito de dificuldades que escolhemos enfrentar, contornar ou transportar. Muitas vezes sonhei com a coexistência pacífica das linguagens críticas, ou, se se preferir, com uma crítica "paramétrica", que modificaria sua linguagem em função da obra que lhe fosse proposta, não certamente com a convicção de que o conjunto dessas linguagens acabaria por esgotar a verdade da obra por toda a eternidade, mas na esperança de que dessas linguagens variadas (mas não infinitas, já que são submetidas a certas sanções), surgiria uma forma geral, que seria o próprio inteligível que nosso tempo dá às coisas, e que a atividade crítica ajudasse ao mesmo tempo, dialeticamente, a decifrar e a constituir; em suma, é porque existiria desde já em nós uma forma geral das análises, uma classificação das classificações, uma crítica das críticas, que a pluralidade simultânea das linguagens críticas poderia ser justificada.

VII. *Por um lado as ciências humanas, e talvez mesmo outras ciências, tendem cada vez mais a ver na linguagem o modelo de todo objeto científico e na linguística uma ciência exemplar; por outro lado, muitos escritores (Queneau, Ionesco etc.) ou ensaístas (Parain) fazem a acusação da linguagem e fundam sua obra sobre sua irrisão. Que significa essa coincidência de uma "moda" científica e de uma "crise" literária da linguagem?*

Parece que o interesse que se dedica à linguagem é sempre ambíguo e que essa ambiguidade é reconhecida e consagrada pelo próprio mito que faz da linguagem "a melhor e a pior das coisas" (talvez em razão dos liames estreitos da linguagem com a neurose). Em literatura, particularmente, toda subversão da linguagem se confunde contraditoriamente com uma exaltação da linguagem, pois levantar-se contra a linguagem por meio da própria linguagem, nunca é mais do que pretender libertar uma linguagem "segunda" que seria a energia profunda, "anormal" (subtraída às normas) da palavra; assim, as destruições da linguagem têm frequentemente algo de suntuoso. Quanto às "irrisões" da linguagem, elas são sempre muito parciais; só conheço uma que atinja verdadeiramente o alvo, isto é, faça sentir a vertigem do sistema estragado: o monólogo do escravo Lucky no *Godot* de Beckett. A irrisão praticada por Ionesco diz respeito aos *lugares comuns*, à linguagem de porteiro, intelectual ou política, em suma, a escrituras, não à linguagem (a prova está em que essa irrisão é cômica, mas de modo algum terrível: é Molière caçoando das preciosas ou dos médicos). Para Queneau, é sem dúvida outra história: não creio que haja na obra bastante astuciosa de Queneau nenhuma "negatividade" com relação à linguagem, mas, antes, uma exploração extremamente confiante, apoiada aliás sobre um conhecimento intelectual desses problemas. E se olharmos para uma geração mais jovem, a do Novo Romance ou de *Tel Quel*, por exemplo, vemos que as antigas subversões da linguagem parecem completamente digeridas ou superadas; nem Cayrol, nem Robbe-Grillet, nem Simon, nem Butor, nem Sellers se preocupam com destruir os primeiros constrangimentos do sistema verbal (haveria antes uma revivescência de certa retórica, de certa poética ou de certa "brancura" da escritura), e a pesquisa se faz aqui sobre os sentidos do sistema literário, não sobre os do sistema linguístico; em termos técnicos, poder-se-ia dizer que a geração precedente, com o Surrealismo e seus epígonos, provocou, certamente, uma certa crise da *denotação* (entrando em choque com as normas elementares do sistema), mas que essa crise (vivida aliás como uma expansão da linguagem) foi superada – ou abandonada – e que a geração presente se interessa principalmente pela comunicação segunda investida na linguagem literária: o que é problemático hoje não é a denotação, é a conotação. Tudo isso para dizer que sobre esse problema da linguagem, não há sem dúvida oposição verdadeira entre o "positivo" e o "negativo".

181

O que permanece verdadeiro (mas evidente) é que a linguagem se tornou ao mesmo tempo um problema e um modelo, e aproxima-se talvez o momento em que esses dois "papéis" poderão comunicar-se; por um lado, na medida em que a literatura parece ter ultrapassado as subversões elementares da linguagem denotada, ela deveria poder dirigir mais livremente sua exploração para as verdadeiras fronteiras da linguagem, que não são as das "palavras" ou da "gramática", mas as do sentido conotado, ou, se se preferir, da "retórica"; por outro lado, a própria linguística (já o podemos ver por certas indicações de Jakobson) se prepara talvez a sistematizar os fenômenos da conotação, a dar enfim uma retórica do "estilo" e a esclarecer a criação literária (talvez mesmo a animá-la) revelando as verdadeiras linhas de separação do sentido; essa junção designa uma atividade comum, de natureza classificatória, e que se poderia chamar de: estruturalismo.

VIII. *Você diz (em "A atividade estruturalista") que não há diferença técnica entre a atividade de um cientista estruturalista, como Propp ou Dumézil e a de um artista como Boulez ou Mondrian. Essa similitude é puramente técnica ou mais profunda, e na segunda hipótese, acredita que isto seja a promessa de uma síntese entre ciência e arte?*

A unidade do estruturalismo se estabelece, por assim dizer, no primeiro e no último momento das obras; quando a cientista e o artista trabalham na construção ou na reconstrução de seu objeto, eles exercem a mesma atividade; e essas operações terminadas e consumadas remetem a uma mesma inteligibilidade histórica, sua imagem coletiva participa da mesma forma de classificação; em suma, uma vasta identidade engloba as atividades e as imagens; mas, entre as duas, restam os "papéis" (sociais), e os do artista e do cientista são ainda muito diferentes: trata-se aí de uma oposição cuja força mítica repousa sobre uma economia vital de nossas sociedades, já que o artista tem por função exorcizar o irracional fixando-o nos limites de uma instituição (a "arte"), ao mesmo tempo reconhecida e *contida*: formalmente, o artista é, por assim dizer, o *segregado* cuja própria segregação é assimilada a título de segregação, enquanto o cientista (que pôde ter, no curso de nossa história, esse mesmo estatuto ambíguo de exclusão reconhecida: os alquimistas, por exemplo) é hoje uma figura inteiramente progressista. Entretanto, pode bem ser que a história liberte ou invente novos projetos, escolhas desconhecidas, papéis dos quais nossa sociedade não pode fazer ideia. As fronteiras já começam a cair, senão entre o artista e o cientista, pelo menos entre o intelectual e o artista. É que os dois mitos, entretanto tenazes, estão em vias, senão de passar, pelo menos de se deslocar; por um lado, um certo número de escritores, cineastas, músicos, pintores se intelectualizam, o saber não é mais atingido por um tabu estético; e por outro lado (mas isso é complementar) as ciências humanas perdem um pouco da obsessão positivista: o estruturalismo, o freudismo, o próprio marxismo, mantêm-se mais pela coerência de seu sistema do que pela "prova" de seu pormenor: trabalha-se na edificação de uma ciência que se inclui ela própria em seu objeto, e é essa "reflexividade" infinita que, por sua vez, constitui precisamente a arte: ciência e arte reconhecem em comum uma relatividade inédita do objeto e do olhar. Uma antropologia nova, de insuspeitadas repartições, talvez esteja nascendo; refaz-se o mapa do *fazer* humano, e a forma desse imenso remanejamento (mas não, é claro, seu conteúdo) lembra bastante o Renascimento.

IX. *Você diz (em* Arguments 6): *"Toda obra é dogmática", e em outra parte (*Arguments 20): *"O escritor é o contrário de um dogmático". Pode explicar essa contradição?*

A obra é sempre dogmática, porque a linguagem é sempre assertiva, mesmo e sobretudo quando se envolve numa nuvem de precauções oratórias. Uma obra não pode conservar nada da "boa-fé" de seu autor: seus silêncios, suas tristezas, suas ingenuidades, seus escrúpulos, seus medos, tudo o que faria a obra fraternal, nada disso pode passar para o objeto escrito; pois se o autor se põe a *dizê-lo*, ele não faz mais do que exibir o que ele quer que se acredite, ele não sai de um sistema de teatro, que é sempre cominatório. Assim, não existe nunca uma linguagem generosa (a generosidade é uma conduta, não uma fala), porque uma linguagem generosa nunca é mais do que uma linguagem marcada com os *signos* da generosidade; o escritor é alguém a quem a "autenticidade" é recusada; não é nem a polidez, nem o tormento, nem a humanidade, nem mesmo o humor de um estilo que podem vencer o caráter absolutamente terrorista da linguagem (ainda uma vez, esse caráter provém da natureza sistemática da linguagem que, para ser acabada, só precisa ser válida, e não ser verdadeira).

Mas ao mesmo tempo, *escrever* (no sentido curiosamente intransitivo do termo) é um ato que ultrapassa a obra; *escrever* é precisamente aceitar ver o mundo transformar em discurso dogmático uma palavra que no entanto se quis (se se é escritor) depositária de um sentido oferto; escrever é deixar que os outros fechem eles próprios nossa própria palavra, e a escritura é apenas uma *proposta* cuja resposta nunca se conhece. Escrevemos para ser amados, somos lidos sem o poder ser, é sem dúvida essa distância que constitui o escritor.

CRÍTICA E VERDADE

I

O que se chama de "nova crítica" não data de hoje. Desde a Libertação (o que era normal), uma certa revisão de nossa literatura clássica foi empreendida em contato com novas filosofias, por críticos muito diferentes e ao sabor de monografias diversas que acabaram por cobrir o conjunto de nossos autores, de Montaigne a Proust. Não há nada de espantoso no fato de um país retomar assim periodicamente os objetos de seu passado e descrevê-los de novo, para saber *o que pode fazer deles*: esses são, deveriam ser procedimentos regulares de avaliação.

Ora, eis que bruscamente acabam de acusar esse movimento de impostura[1], lançando contra suas obras (ou pelo menos certas dentre elas) os interditos que definem geralmente, por repulsa, toda vanguarda: descobre-se que elas são intelectualmente vazias, verbalmente sofisticadas,

1. R. Picard, *Nouvelle critique, nouvelle imposture*, Paris, J. J. Pauvert collection "Libertés" 1965, 149 p. – Os ataques de Raymond Picard se dirigem principalmente contra *Sur Racine* (Seuil, 1963).

moralmente perigosas e que só devem seu êxito ao esnobismo. O espantoso é que esse processo venha tão tarde. Por que hoje? Trata-se de uma reação insignificante? Da volta ofensiva de certo obscurantismo? Ou, ao contrário, da primeira resistência às formas novas de discurso, que se prepararam e foram pressentidas?

O que impressiona, nos ataques desferidos nos últimos tempos contra a nova crítica, é seu caráter imediatamente e como que naturalmente coletivo[2]. Algo de primitivo e de nu pôs-se a mexer lá dentro. Acreditaríamos estar assistindo a algum rito de exclusão, conduzido numa comunidade arcaica contra um súdito perigoso. De onde um estranho léxico da *execução*[3]. Pensou-se em *ferir, furar, bater, assassinar* o novo crítico, arrastá-lo ao *tribunal correcional*, ao *pelourinho*, ao *cadafalso*[4]. Algo de vital fora certamente atingido, já que o executor não só foi louvado por seu talento, mas tornou-se *alvo de agradecimento*, felicitado como um justiceiro depois de uma limpeza: já lhe haviam prometido a imortalidade, hoje o abraçam[5]. Em suma, a "execução" da nova crítica

2. Certo grupo de cronistas trouxe ao libelo de R. Picard um apoio sem exame, sem nuança e sem distinção. Eis o quadro de honra da velha crítica (já que existe uma nova crítica): *Les Beaux Arts* (Bruxelas, 23 dez. 1965), *Carrefour* (29 dez. 1965), *La Croix* (10 dez. 1965), *Le Figaro* (3 nov. 1965), *Le XXe Siècle* (nov. 1965), *Midi libre* (18 nov. 1965), *Le Monde* (23 out. 1965), ao qual se devem acrescentar certas cartas de seus leitores (13, 20, 27 nov. 1965), *La Nation Française* (28 out. 1965), *Pariscope* (27 out. 1965), *La Revue parlementaire* (15 nov. 1965), *Europe-Action* (jan. 1966); sem esquecer a Academia Francesa (Resposta de Marcel Achard a Thierry Maulnier, *Le Monde*, 21 jan. 1966).

3. "É uma execução" (*La Croix*).

4. Eis algumas dessas imagens graciosamente ofensivas: "As armas do ridículo'" (*Le Monde*). "Uma surra bem dada" (*Nation française*). "Golpe acertado", "desencher odres desgraciosos" (*Le XXe. Siècle*). "O ataque de pontas assassinas" (*Le Monde*). "Vigarices intelectuais" (R. Picard, *op. cit.*). "Pearl Harbour da nova crítica" (*Revue de Paris*, jan. 1966). "Barthes no pelourinho" (*L'Orient*, Beirute, 16 jan. 1966). "Torcer o pescoço à nova crítica e decapitar convenientemente um certo número de impostores, entre os quais o Sr. Roland Barthes, cuja cabeça o senhor exibe, cortada raso" (*Pariscope*).

5. "Acredito, quanto a mim, que as obras do Sr. Barthes envelhecerão mais depressa do que as do Sr. Picard" (E. Guitton, *Le Monde*, 28 de março 1964). "Tenho vontade de abraçar o Sr. Raymond Picard por ter escrito ... seu panfleto (sic)" (Jean Cau, *Pariscope*).

aparece como uma tarefa de higiene pública, que era preciso ousar e cujo êxito alivia.

Provindo de um grupo limitado, esses ataques têm uma espécie de marca ideológica, mergulham naquela região ambígua da cultura onde algo de indefectivelmente político, independente das opiniões do momento, penetra o julgamento e a linguagem[6]. Sob o Segundo Império, a nova crítica teria tido seu processo: não é ela ofensiva à razão, contrariando as "regras elementares do pensamento científico ou mesmo simplesmente articulado"? Não choca a moral, fazendo intervir em toda parte "uma sexualidade obsessiva, desenfreada, cínica"? Não desacredita nossas instituições nacionais aos olhos do estrangeiro[7]? Em uma só palavra, não é "perigosa"[8]? Aplicada ao espírito, à linguagem, à arte, essa palavra evidencia imediatamente todo pensamento regressivo. Este vive, com efeito, no medo (de onde a unidade das imagens de destruição); teme toda inovação, denunciada cada vez como "vazia" (em geral é tudo o que se acha para dizer do novo). Entretanto esse medo tradicional é complicado hoje por um medo contrário, o de parecer anacrônico; combina-se pois a suspeita do novo com algumas reverências para "as solicitações do presente" ou a necessidade de "repensar os problemas da crítica", afasta-se com um belo movimento oratório "o vão retorno ao passado"[9]. A regressão se mostra hoje envergonhada, como o capitalismo[10]. De onde singualares repentes: finge-se por certo tempo engolir as obras modernas, das quais é preciso falar já que delas se fala; depois, bruscamente, tendo sido alcançada

6. "Raymond Picard responde aqui ao progressista Roland Barthes... Picard responde asperamente àqueles que substituem a análise clássica pela superposição de seu delírio verbal, aos maníacos do deciframento, que acreditam que todo mundo raciocina como eles em função da Cabala, do Pentateuco ou de Nostradamus. A excelente coleção 'Libertés' dirigida por Jean-François Revel (Diderot, Celse, Rougier, Russell) fará ranger ainda muitos dentes, mas não certamente os nossos" (*Europe-Action*, jan. 1966).

7. R. Picard, *op. cit.* p. 58, p. 30 e p. 84.

8. *Ibid.*, p. 85 e p. 148.

9. E. Guitton, *Le Monde*, 13 nov. 1965. – R. Picard, *cp. cit.*, p 149. – J. Piatier, *Le Monde*, 23 out. 1965.

10. Quinhentos partidários de J. L. Tixier-Vignancourt afirmam, num manifesto, seu desejo de "prosseguir sua ação sobre a base de uma organização militante e de uma ideologia nacionalista [...] capaz de opor-se eficazmente ao marxismo e a tecnocracia capitalista" (*Le Monde*, 30-31 jan. 1966).

uma espécie de medida, passa-se à execução coletiva. Esses processos, montados periodicamente por grupos fechados, nada têm pois de extraordinário; vêm ao termo de certas rupturas de equilíbrio. Mas por que, hoje, a Crítica?

O que é notável, nessa operação, não é tanto que ela oponha o antigo e o novo, é que ela atinja com uma interdição, por uma reação nua, uma certa fala em torno do livro: o que não é tolerado é que a linguagem possa falar da linguagem. A palavra duplicada é objeto de uma vigilância especial por parte das instituições, que a mantêm geralmente sob um código estreito: no Estado literário, a crítica deve ser tão "controlada" quanto uma polícia: liberar uma seria tão "perigoso" quanto popularizar a outra: seria por em causa o poder do poder, a linguagem da linguagem. Fazer uma segunda escritura com a primeira escritura da obra, é com efeito abrir caminho a imprevisíveis trocas, ao jogo infinito dos espelhos, e é esta escapada que parece suspeita. Enquanto a crítica teve por função tradicional julgar, ela só podia ser conformista, isto é, conforme aos interesses dos juízes. Entretanto, a verdadeira "crítica" das instituições e das linguagens não consiste em "julgá-las", mas em *distingui-las*, *separá-las* e *duplicá-las*. Para ser subversiva, a crítica não precisa julgar, basta falar da linguagem, ao invés de a usar. O que hoje se censura à nova crítica não é tanto o fato de ela ser "nova", mas o de ser plenamente uma "crítica", de redistribuir os papéis do autor e do comentador e de atentar assim contra a ordem das linguagens[11]. Disso nos asseguraremos se observarmos o direito que a ela se opõe e do qual se pretende tirar a autoridade de a "executar".

O Verossímil Crítico.

Aristóteles estabeleceu a técnica da palavra fingida sobre a existência de certo *verossímil*, depositado no espírito dos homens pela tradição, os Sábios, a maioria, a opinião corrente etc. O verossímil é o que, numa obra ou num discurso, não contradiz nenhuma dessas autoridades. O verossímil não corresponde fatalmente ao que foi (isso cabe à história) nem

11. Cf. *infra*, p. 211s.

ao que deve ser (isso cabe à ciência), mas simplesmente ao que o público acredita possível e que pode ser bem diferente do real histórico ou do possível científico. Aristóteles fundava assim uma certa estética do público; se a aplicássemos hoje às obras de massa, chegaríamos talvez a reconstituir o verossímil de nossa época; pois tais obras não contradizem nunca o que o público acredita possível, por mais impossível que isso seja, histórica ou cientificamente.

A velha crítica não está longe do que se poderia esperar de uma crítica de massa, por pouco que nossa sociedade se ponha a consumir comentário crítico como consome filme, romance ou canção; na escala da comunidade cultural, ela dispõe de um público, reina nas páginas literárias de alguns grandes jornais e se move no interior de uma lógica intelectual onde não se pode contradizer o que vem da tradição, dos Sábios, da opinião corrente etc. Em suma, existe um verossímil crítico.

Esse verossímil não se exprime em declarações de princípios. Sendo *o óbvio*, permanece aquém de todo método, já que o método é inversamente o ato de dúvida pelo qual nos interrogamos acerca do acaso ou da natureza. Percebemo-lo sobretudo em seus espantos e em suas indignações diante das "extravagâncias" da nova crítica: tudo lhe parece "absurdo", "esquisito", "aberrante", "patológico", "desvairado", "assustador"[12]. O verossímil crítico gosta muito das "evidências". Essas evidências são entretanto sobretudo normativas. Por um processo de reviravolta habitual, o incrível processo do proibido, isto é, do perigoso: os desacordos se tornam

12. Eis as expressões aplicadas por R. Picard à nova crítica: "impostura", "o temerário e o extravagante" (p. 11), "pedantemente" (p. 39), "extrapolação aberrante" (p. 40), "modo intemperante, proposições inexatas, contestáveis ou extravagantes" (p. 47), "caráter patológico dessa linguagem" (p. 50), "absurdos" (p. 52), "escroqueria intelectual" (p. 54), "livro revoltante" (p. 57), "excesso de inconsistência satisfeita", "repertório de paralogismos" (p. 59), "afirmações desvairadas" (p 71), "linhas assustadoras" (p. 73), "extravagante doutrina" (p. 73), "inteligibilidade irrisória e vazia" (p. 75), "resultados arbitrários, inconsistentes, absurdos" (p. 92), "absurdos e esquisitices" (p. 146), "bobagem" (p. 147). Eu ia acrescentar: "laboriosamente inexato", "erros graves", "autossuficiência que faz sorrir", "bizantinices de forma", "sutilezas de mandarim deliquescente", etc., mas isto não é de R. Picard, é de Sainte-Beuve, pastichado por Proust e do discurso de M. de Norpois "executando" Bergotte…

desvios, os desvios erros, os erros pecados[13], os pecados doenças, as doenças monstruosidades. Como esse sistema normativo é muito estreito, um nada o faz transbordar: surgem regras perceptíveis nos pontos do verossímil que não se podem transgredir sem abordar uma espécie de *antinatureza* crítica e cair no que se chama então a "teratologia."[14] Quais são pois as regras do verossímil crítico em 1965?

A Objetividade

Eis a primeira, com a qual nos martelam as orelhas: *a objetividade*. Que é pois a objetividade em matéria de crítica literária? Qual é a qualidade da obra que "existe fora de nós"[15]? Esse *exterior*, tão precioso já que deve limitar a extravagância do crítico e acerca do qual deveríamos poder entender-nos facilmente, já que ele está subtraído às variações de nosso pensamento, recebe entretanto constantemente diferentes definições; antigamente, era a razão, a natureza, o gosto etc.; ontem, era a vida do autor, as "leis do gênero", a história. E eis que hoje nos dão ainda uma definição diferente. Dizem-nos que a obra literária comporta "evidências", que podemos distinguir com o apoio das "certezas da linguagem, as implicações da coerência psicológica, os imperativos da estrutura do gênero"[16].

Vários modelos fantasmáticos aqui se misturam. O primeiro é de ordem lexicográfica: é preciso ler Corneille, Racine, Molière, tendo ao lado de si o *Français classique* de Cayrou. Sim, sem dúvida; quem jamais o contestou? Mas, conhecido o sentido das palavras, que se fará? Aquilo que se chama (e antes fosse ironicamente) "as certezas da linguagem" são apenas as certezas da língua francesa, as certezas do dicionário. O problema (ou o prazer) é que o idioma nunca é mais que o material de uma outra linguagem, *que não contradiz a*

13. Um leitor de *Le Monde*, numa língua estranhamente religiosa, declara que tal livro da nova crítica "está carregado de pecados contra a objetividade" (27 nov. 1965).

14. R. Picard, *op. cit.*, p 88.

15. "Objetividade: termo de filosofia moderna. Qualidade do que é objetivo; existência dos objetos fora de nós" (*Littré*).

16. R. Picard, *op. cit.*. p. 69.

primeira, e que é, esta, cheia de incertezas: a que instrumento de verificação, a que dicionário iremos submeter essa segunda linguagem, profunda, vasta, simbólica, da qual é feita a obra, e que é precisamente a linguagem dos sentidos múltiplos[17]? O mesmo quanto à "coerência psicológica". Segundo que chave a leremos? Existem vários modos de chamar os comportamentos humanos e, tendo-lhes dado um nome, vários modos de descrever a coerência: as implicações da psicologia psicanalítica diferem das da psicologia behaviorista etc. Resta, supremo recurso, a psicologia "corrente", a que todo mundo pode reconhecer e que dá por isso um grande sentimento de segurança; infelizmente, essa psicologia é feita de tudo o que nos ensinaram na escola sobre Racine, Corneille etc., – o que resulta em dominarmos um autor pela imagem adquirida que dele temos: bela tautologia! Dizer que as personagens (de *Andromaque*) são *"indivíduos desvairados que a violência de sua paixão* etc."[18], é evitar o absurdo às custas da banalidade, sem se garantir forçosamente contra o erro. Quanto à "estrutura do gênero", gostaríamos de saber mais: eis que há cem anos se discute em torno da palavra "estrutura"; existem vários estruturalismos: genético, fenomenológico etc.; existe também um estruturalismo "escolar" que consiste em dar o "plano" de uma obra. De que estruturalismo se trata? Como encontrar a estrutura, sem a ajuda de um modelo metodológico? Que se conceda para a tragédia, cujo cânone é conhecido graças aos teóricos clássicos;

17. Embora eu não esteja empenhado na defesa particular de *Sur Racine*, não posso deixar repetir, como faz Jacqueline Piatier em *Le Monde* (23 nov. 1965), que faço contrassensos sobre a língua de Racine. Se, por exemplo, mostrei o que há de *respiração* no verbo *respirar* (R. Picard, *op. cit.*, p. 53), não é que eu ignorasse o sentido da época (*distender-se*) como aliás eu o disse (*Sur Racine*, p. 57), é que o sentido lexicográfico não era contraditório com o sentido simbólico, que é na ocorrência e de um modo muito malicioso, o sentido *primeiro*. Sobre esse ponto, como em muitos outros, em que o libelo de R. Picard, seguido sem controle por seus partidários, toma as coisas por baixo, eu pediria a Proust que respondesse, lembrando o que ele escrevia a Paul Souday, que o tinha acusado de cometer erros de francês: "Meu livro pode não revelar nenhum talento; pelo menos ele pressupõe, ele implica uma cultura suficiente para que não haja nele verossimilhança moral de que eu cometa erros tão grosseiros como os que o senhor assinala." (*Choix de Lettres*. Pion, 1965, p. 196).

18. R. Picard, *op. cit.* p. 30.

mas qual será a "estrutura" do romance, que deveremos opor às "extravagâncias" da nova crítica?

Essas evidências não são, portanto, mais do que escolhas. Tomada ao pé da letra, a primeira é irrisória, ou, se se preferir, fora de toda pertinência; ninguém jamais contestou e jamais contestará que o discurso da obra tem um sentido literal acerca do qual a filologia, quando necessário, nos informa; a questão é saber se temos o direito, ou não, de ler nesse discurso literal outros sentidos que não o contradigam; não é o dicionário que responderá a essa pergunta, mas uma decisão de conjunto sobre a natureza simbólica da linguagem. O mesmo acontece com as outras "evidências": são *já* interpretações, pois supõem a escolha prévia de um modelo psicológico ou estrutural; o código – pois se trata de um – pode variar; toda a objetividade do crítico dependerá pois, não da escolha do código, mas do rigor com que aplicará à obra o modelo que escolheu[19]. Já é alguma coisa; mas como a nova crítica nunca disse o contrário, fundando a objetividade de suas descrições sobre sua coerência, não valia a pena declarar guerra contra ela. O verossímil crítico escolhe geralmente o código da letra; é uma escolha como outra. Vejamos entretanto o que ela custa.

Professa-se que é preciso "conservar a significação das palavras"[20], em suma que a palavra só tem um sentido: o certo. Essa regra acarreta abusivamente uma suspeita, ou, o que é pior, uma banalização geral da imagem: ora a proíbem, pura e simplesmente (não se deve dizer que Tito assassina Berenice já que Berenice não morreu assassinada[21]); ora a ridicularizam, fingindo de modo mais ou menos irônico tomá-la ao pé da letra (o que liga Nero solar às lágrimas de Júnia é reduzido à ação "sol que seca uma poça"[22] ou a um "empréstimo feito à astrologia"[23]; ora se exige que nela se reconheça apenas um clichê de época (não se deve sentir nenhuma respiração em *respirer*, pois *respirer* quer dizer, no século XVII, *se descontrair*). Chega-se assim a singulares lições de leitura: é preciso ler os poetas sem *evocar*: é

19. Sobre essa nova objetividade, cf. *infra*, p. 222 s.
20. R. Picard, *op. cit.*, p. 45.
21. R. Picard, *op. cit.*, p. 45.
22. *Ibid.*, p. 17.
23. *Revue Parlementaire*, 15 nov. 1965.

proibido deixar que a vista se eleve para fora dessas palavras tão simples e tão concretas – qualquer que seja o desgaste de época – que são o porto, o serralho, as lágrimas. A rigor, as palavras não têm mais valor referencial, mas apenas um valor mercantil; servem para comunicar, como na mais trivial das transações, não para sugerir. Em suma, a linguagem só propõe uma certeza: a da banalidade: é portanto sempre esta que se escolhe.

Outra vítima da letra: a personagem, objeto de um crédito ao mesmo tempo excessivo e irrisório; ela nunca tem o direito de se enganar sobre si mesma, sobre seus sentimentos: o álibi é uma categoria desconhecida pelo verossímil crítico (Orestes e Tito não podem mentir a si próprios), o fantasma igualmente (Erífila ama Aquiles sem nunca imaginar, sem dúvida, que está possuída por ele[24]). Essa clareza surpreendente dos seres e de suas relações não é reservada à ficção; para o verossímil crítico, é a própria vida que é clara: a mesma banalidade rege o relacionamento humano no livro e no mundo. Não há, diz-se, nenhum interesse em ver na obra de Racine um teatro do Cativeiro, já que esta é uma situação corrente[25]; da mesma forma, é inútil insistir sobre a relação de força que a tragédia raciniana traz à cena, já que, lembram-nos, o poder constitui toda sociedade[26]. É realmente considerar com muita equanimidade a presença da força nas relações humanas. Menos enfatuada, a literatura não cessa de comentar o caráter *intolerável* das situações banais, já que ela é precisamente a palavra que faz de uma relação corrente uma relação fundamental e desta uma relação escandalosa. Assim, o verossímil crítico se empenha em rebaixar tudo de um ponto: o que é banal na vida não deve ser despertado; o que não o é na obra deve ser, pelo contrário, banalizado: singular estética, que condena a vida ao silêncio e a obra à insignificância.

O Gosto

Passando às outras regras do verossímil crítico, é preciso descer mais baixo, abordar censuras irrisórias, entrar em

24. R. Picard, *op. cit.*, p. 33.
25. *Ibid.*, p. 22.
26. *Ibid.*, p. 39

contestações superadas, dialogar, através de nossos velhos críticos de hoje, com os velhos críticos de antes de ontem, Nisard ou Népomucène Lemercier.

Como designar esse conjunto de proibições que dizem respeito indiferentemente à moral e à estética e no qual a crítica clássica investe todos os valores que ela não pode relacionar com a ciência? Chamemos esse sistema de proibições de "gosto"[27]. De que o gosto proíbe que se fale? Dos objetos. Transportado a um discurso racional, o objeto é considerado trivial: é uma incongruência que vem não dos objetos eles próprios, mas da mistura do abstrato com o concreto (é sempre proibido misturar os gêneros); o que parece ridículo é que se possa falar de *espinafres* a propósito de *literatura*[28]: é a distância entre o objeto e a linguagem codificada da crítica que choca. Chegamos assim a uma curiosa contradança: enquanto as raras páginas da velha crítica são inteiramente abstratas[29] e as obras da nova crítica o são, pelo contrário, muito pouco, já que tratam de substâncias e de objetos, é a última que é, ao que se diz, de uma abstração desumana. Na verdade, o que o verossímil chama de "concreto" é apenas, uma vez mais, o habitual. É o habitual que rege o gosto do verossímil; para ele a crítica não deve ser feita nem de objetos (eles são por demais prosaicos[30]), nem de ideias (elas são por demais abstratas), mas somente de valores.

É aqui que o gosto é muito útil: servidor comum da moral e da estética, ele permite um torniquete cômodo entre o Belo e o Bem, confundidos discretamente sob a espécie de uma simples medida. Entretanto, essa medida tem todo o poder de fuga de uma miragem: quando se censura o crítico por falar com excesso de sexualidade, é preciso entender que falar de sexualidade é sempre excessivo: imaginar por um instante que os heróis clássicos possam ser providos (ou não) de um sexo, é fazer "intervir em toda parte" uma sexualidade "obsessiva, desvairada, desenfreada, cínica"[31]. Que a

27. R. Picard, *op. cit.*. p. 32.
28. *Ibid.*, p. 110 e 135.
29. Ver os prefácios de R. Picard às tragédias de Racine, *OEuvres Complètes*, Pléiade, Tome I, 1956.
30. De fato, por demais simbólicos.
31. R. Picard, *op. cit.*. p. 30.

sexualidade possa ter um papel preciso (e não pânico) na configuração das personagens, é o que não se examina; que, além disso, esse papel possa variar segundo se siga Freud ou Adler, por exemplo, é o que não passa nem um instante pelo espírito do velho crítico: que sabe ele de Freud, senão o que leu na coleção *Que sais-je?*

O gosto é de fato uma proibição da palavra. Se a psicanálise é condenada, não é porque ela pensa, mas porque ela fala; se a pudessem remeter a uma pura prática medical e imobilizar o doente (que não se é) sobre o diva, ligariam para ela tanto quanto para a acupuntura. Mas eis que ela estende seu discurso até o ser sagrado por excelência (que se gostaria de ser), o escritor. Ainda vá para um moderno, mas um clássico! Racine, o mais claro dos poetas, o mais pudico dos apaixonados[32]!

De fato, a imagem que a velha crítica tem da psicanálise é incrivelmente fora de moda. Essa imagem repousa sobre uma classificação arcaica do corpo humano. O homem da velha crítica é com efeito composto de duas regiões anatômicas. A primeira é, por assim dizer, superior – externa: a cabeça, a criação artística, a aparência nobre, o que se pode mostrar, o que se deve ver; a segunda é inferior-interna: o sexo (que não se deve nomear), os instintos, os "impulsos sumários", o "orgânico", "os automatismos anônimos", o "mundo obscuro das tensões anárquicas"[33]; aqui o homem primitivo, imediato, ali o autor evoluído, dominado. Ora, diz-se com indignação, a psicanálise faz comunicarem-se abusivamente o alto e o baixo, o de dentro e o de fora; ainda mais, ela concede, ao que parece, um privilégio exclusivo ao "baixo", escondido, que se torna na nova crítica, asseguram-nos, o princípio "explicativo" do "alto" aparente. Assim nos expomos a não mais discernir os "pedregulhos" dos "diamantes"[34]. Como retificar uma imagem tão pueril?

32. "Será possível sobre Racine tão claro construir um novo modo obscuro de julgar e de desmontar o gênio" (*Revue Parlementaire*. 15 nov. 1965).

33. R. Picard, *op. cit.*, p. 135-136.

34. Já que estamos nas pedras, citemos esta pérola: "A força de querer desencavar a todo preço uma obsessão de um escritor, expomo-nos a ir desenterrá-las "profundezas" onde se pode encontrar de tudo, onde nos expomos a tomar um pedregulho por um diamante" (*Midi libre*, 18 nov. 1965).

Gostaríamos de explicar ainda uma vez à velha crítica que a psicanálise não reduz seu objeto ao "inconsciente"[35]; que, por conseguinte, a crítica psicanalítica (discutível por razões bem diversas, algumas das quais psicanalíticas) pelo menos não pode ser acusada de ter da literatura uma *concepção perigosamente passivista*"[36], já que ao contrário, para ela, o autor é o assunto de um *trabalho* (palavra que pertence à língua psicanalítica, não se deve esquecer); que, por outro lado, é uma petição de princípio atribuir um valor superior ao "pensamento consciente" e postular como indiscutível o pouco valor do *"imediato e do elementar"*; e que aliás todas essas oposições entre um homem orgânico, impulsivo, automático, informe, bruto, obscuro etc., e uma literatura voluntária, lúcida, nobre, gloriosa graças aos constrangimentos de expressão, são propriamente estúpidas, visto que o homem psicanalítico não é geometricamente divisível e que, segundo a ideia de Jacques Lacan, sua topologia não é a do *dentro* e do *fora*[37], ainda menos do *alto* e do *baixo*, mas antes de um *verso* e *reverso* móveis, que a linguagem troca constantemente de lugar e revira em torno de algo que, para terminar e para começar, não existe. Mas para quê? A ignorância da velha crítica com relação à psicanálise tem a espessura e a tenacidade de um mito (o que faz com que ela tenha finalmente algo de fascinante): não é uma recusa, é uma disposição, destinada a atravessar imperturbavelmente os tempos: *"Falarei da assiduidade de toda uma literatura nos últimos cinquenta anos, singularmente em França, em clamar o primado do instinto, do inconsciente, da intuição, da vontade no sentido alemão, isto é, por oposição à inteligência".* Isto não foi escrito em 1965 por Raymond Picard, mas em 1927 por Julien Benda[38].

A Clareza

Eis agora a última censura do verossímil crítico. Como se pode esperar, ela se exerce sobre a própria linguagem.

35. R. Picard, *op. cit.*, p. 122-123
36. *Ibid.*, p. 142.
37. *Ibid.*, p. 128.
38. Citado laudatoriamente por *Midi libre* (18 nov. 1965). Pequeno estudo a fazer sobre a posteridade atual de Julien Benda.

Certas linguagens são proibidas ao crítico sob o nome de *"jargões"*. Uma linguagem única lhe é imposta: a "clareza"[39].

Já faz um bom tempo que nossa sociedade francesa vive a "clareza" não como uma simples qualidade da comunicação verbal, como um atributo móvel que se possa aplicar a linguagens variadas, mas como uma fala separada: trata-se de escrever certo idioma sagrado, aparentado com a língua francesa, como se escreveu o hieróglifo, o sânscrito ou o latim medieval[40]. O idioma em questão, denominado "clareza francesa", é uma língua originalmente política, nascida no momento em que as classes superiores desejaram – segundo um processo ideológico bem conhecido – transformar a particularidade de sua escritura em linguagem universal, fazendo crer que a lógica do francês era uma lógica absoluta: é o que se chamava de gênio da língua: o do francês consiste em apresentar primeiro o sujeito, em seguida a ação, finalmente o paciente, conforme, dizia-se, um modelo "natural". Esse mito foi cientificamente desmontado pela linguística moderna[41]; o francês não é nem mais nem menos "lógico" do que uma outra língua[42].

Conhecem-se todas as mutilações que as instituições clássicas infligiram à nossa língua. O curioso é que os franceses se orgulham incansavelmente de ter tido seu Racine (o homem das duas mil palavras) e nunca se queixam de não ter tido seu Shakespeare. Lutam ainda hoje com uma paixão ridícula por sua "língua francesa": crônicas oraculares, fulminações contra as invasões estrangeiras, condenações à morte de certas

39. Renuncio a citar todas as acusações de "jargão opaco" de que fui objeto.

40. Tudo isso foi dito, no estilo adequado, por Raymond Queneau: "Essa álgebra do racionalismo niltoniano (no texto *nioutonien* (N. da T.), esse esperanto que facilitou as transações de Frederico da Prússia com Catarina da Rússia, essa gíria dos diplomatas, de jesuítas e de geômetras euclidianos continua sendo considerada o protótipo, o ideal e a medida de toda linguagem francesa" (*Bâtons, chiffres et lettres*, Gallimard, "Idées", 1965, p 50).

41. Ver Charles Bally, *Linguistique Générale et Linguistique Française* (Berna, Francke, 4ª ed., 1965).

42. Não se deve confundir as pretensões do Classicismo em ver na sintaxe do francês a melhor expressão da lógica universal e as visões profundas de Port Royal sobre os problemas lógicos da linguagem em geral (retomadas hoje por N. Chomsky).

199

palavras, reputadas indesejáveis. É preciso constantemente limpar, curetar, proibir, eliminar, preservar. Pastichando a maneira medical que a velha crítica utiliza para julgar as linguagens que não lhe agradam (qualificando-as de "patológicas"), dir-se-á que se trata de uma espécie de doença nacional, que chamaremos de *absolutismo da linguagem*. Deixaremos à etno-psiquiatria o cuidado de fixar o sentido disto, fazendo entretanto notar o quanto esse malthusianismo verbal tem algo de sinistro: *"Entre os papuas, diz o geógrafo Baron, a linguagem é muito pobre; cada tribo tem sua língua e seu vocabulário se empobrece continuamente porque, depois de cada falecimento, suprimem-se algumas palavras em sinal de luto"*[43]. Nesse ponto, voltamos aos papuas: embalsamamos respeitosamente a linguagem dos escritores mortos e recusamos as palavras, os sentidos novos que vêm ao mundo das ideias: o sinal de luto marca aqui o nascimento, não a morte. Os interditos de linguagem fazem parte de uma pequena guerra das castas intelectuais. A velha crítica é uma casta entre outras, e a "clareza francesa" que ela recomenda é um jargão como outro qualquer. É um idioma particular, escrito por um grupo definido de escritores, de críticos, de cronistas, e que pasticha, no essencial, nem mesmo nossos escritores clássicos mas somente o classicismo de nossos escritores. Esse jargão passadista não é absolutamente marcado por exigências precisas de raciocínio ou uma ausência ascética de imagens, como pode ser a linguagem formal da lógica (somente aqui se teria o direito de falar de "clareza"), mas por uma comunidade de estereótipos, por vezes contornados e sobrecarregados até o galimatias[44], pelo gosto de certos arredondamentos da frase, e evidentemente pela recusa de certas palavras, afastadas com horror ou ironia como intrusas, vindas de mundos estrangeiros, portanto suspeitos. Reencontramos aqui uma posição conservadora que consiste em nada mudar na separação e na distribuição dos léxicos: como numa corrida do ouro da linguagem, concede-se a cada disciplina (noção

43. E. Baron, *Géographie* (Classe de Phiolosophie, Ed. de l'École, p. 83).
44. Exemplo: "A divina música! Ela faz caírem todas as prevenções, todos os arranjos nascidos de alguma obra anterior onde Orfeu foi quebrar sua lira etc." Isso para dizer, sem dúvida, que as novas *Memórias* de Mauriac são melhores do que as antigas (J. Piatier, *Le Momie*. (3 nov. 1965).

afinal puramente facultativa) um pequeno território de linguagem, uma *placer* terminológico do qual é proibido sair (a filosofia tem direito, por exemplo, a seu jargão). O território concedido à crítica é entretanto esquisito: particular, já que palavras estrangeiras não podem ser aí introduzidas (como se o crítico tivesse necessidade conceituais muito reduzidas), ele é entretanto promovido à dignidade de linguagem universal. Este universal, que não é mais que *o corrente*, é trucado: constituído por uma quantidade enorme de tiques e de recusas, é apenas um particular a mais: é um universal de proprietários.

Podemos exprimir esse narcisismo linguístico de outro modo: "jargão" é a linguagem do outro; o outro (e não outrem) é o que não é a gente; daí o caráter penoso de sua linguagem. Desde que uma linguagem não seja mais a de nossa própria comunidade, julgamo-la inútil, vazia, delirante[45], praticada não por razões sérias, mas por razões fúteis ou baixas (esnobismo, convencimento): assim, a linguagem da "neocrítica" parece a um "arqueocrítico" tão estranha quanto o iídiche (comparação aliás suspeita[46]), ao que se poderia responder que o iídiche *também* se aprende[47]. "Por que não dizer as coisas mais simplesmente?" Quantas vezes não ouvimos esta frase? Mas quantas vezes também não teríamos o direito de a devolver? Sem falar do caráter sadio e alegremente esotérico de certas linguagens populares[48], a velha crítica está bem certa de não ter ela também seu galimatias? Se eu mesmo fosse velho-crítico, não teria algumas razões para pedir a meus confrades que escrevessem: *O Sr. Piroué escreve bem em francês*, ao invés de: "É

45. M. de Norpois, figura epônima da velha crítica, diz da linguagem de Bergotte: "Esse contrassenso de alinhar palavras bem sonoras só se preocupando em seguida com o fundo" (M. Proust, *A la recherche du temps perdu*, Pléiade, I, p. 474.) N. da T.: M. de Norpois é o equivalente francês do Conselheiro Acácio de Eça de Queirós.

46. R. M. Albérès, *Arts*, 15 dez. 1965 (Inquérito sobre a crítica). Desse iídiche, ao que parece, está excluída a língua dos jornais e da Universidade. O Sr. Albérès é jornalista e professor.

47. Na Escola Nacional de Línguas Orientais.

48. Neste ponto, Barthes dá um exemplo de "jargão" esportivo, relativo ao rúgbi. Se se tratasse de futebol, teríamos mais ou menos o seguinte: "Programa de trabalho dos tricolores: estruturar o meio campo, treinar as cobranças de faltas, melhorar a remessa lateral". (N. da T.)

*preciso louvar a pena do Sr. Piroué por nos espicaçar frequente-
mente pelo imprevisto ou pela felicidade de expressão"*, ou ainda
chamar modestamente de "indignação" *"todo esse movimento
do coração que aquece a pena e a arma de pontas assassinas"*[49].
Que pensar dessa pena do escritor, que se esquenta, que às
vezes espicaça agradavelmente e outras assassina? Na verdade,
essa linguagem só é clara na medida em que é admitida.

De fato, a linguagem literária da velha crítica nos é indiferente. Sabemos que ela não pode escrever diferente, salvo
se pensar diferente. Pois escrever é *já* organizar o mundo, é
já pensar (aprender uma língua é aprender como se pensa
nessa língua). É portanto inútil, (e entretanto a isso se obstina
o verossímil crítico) pedir ao outro que se reescreva, se ele
não está decidido a se repensar. Vocês veem no jargão da
nova crítica apenas extravagâncias de forma aplicadas sobre
as banalidades de fundo: é com efeito possível "reduzir" uma
linguagem suprimindo o sistema que a constitui, isto é, as
ligações que fazem o sentido das palavras: pode-se então
"traduzir" qualquer coisa em bom francês de Chrysale: por
que não reduzir o "superego" freudiano à "consciência moral"
da psicologia clássica? *Como! É somente isso?* Sim, se se suprime todo o resto. Em literatura, não existe o *rewriting*,
porque o escritor não dispõe de uma antelinguagem na qual
ele poderia escolher a expressão entre um certo número de
códigos homologados (o que não quer dizer que ele não tenha de procurá-la incansavelmente). Existe uma clareza da
escritura, mas esta clareza tem mais relação com a *Noite do
Tinteiro*, da qual falava Mallarmé, do que com os pastichos
modernos de Voltaire ou de Nisard. A clareza não é um atributo da escritura, é a própria escritura desde o instante em
que ela se constituiu como tal, é a felicidade da escritura, é
todo aquele desejo que existe na escritura. Certamente é um
grave problema para o escritor o dos limites de sua acolhida;
mas ao menos é ele próprio quem escolhe esses limites, e se
lhe acontece aceitar que eles sejam estreitos, é precisamente
porque escrever não é engajar uma relação fácil com uma
média de todos os leitores possíveis, mas engajar uma relação
difícil com nossa própria linguagem: um escritor tem

49. P. H. Simon, *Le Monde*, 1 dez. 1965, e J. Piatier, *Le Monde*, 23 out.
1965.

202

maiores obrigações para com a palavra que é sua verdade do que para com o crítico do *Nation Française* ou do *Monde*. O "jargão" não é um instrumento para aparecer como o sugerem com inútil malevolência[50]; o "jargão" é uma imaginação (ele choca aliás tanto quanto esta), a aproximação da linguagem metafórica da qual o discurso intelectual terá um dia necessidade. Defendo aqui o direito à linguagem, não meu próprio "jargão". Como poderia eu, aliás, falar dele? Existe um profundo mal-estar (um mal-estar de identidade) em imaginar que se possa ser proprietário de uma certa fala, e que seja necessário defendê-la como um bem em seus caracteres de ser. Existo pois *antes* de minha linguagem? Quem seria esse *eu*, proprietário precisamente daquilo que o faz existir? Como posso viver minha linguagem como um simples atributo de minha pessoa? Como acreditar que, se falo, é porque existo? Fora da literatura é talvez possível cultivar essas ilusões; mas a literatura é precisamente o que não o permite. O interdito que vocês lançam sobre as outras linguagens é apenas um modo de vocês se excluírem da literatura: não se pode mais, não se deveria mais poder, como no tempo de Saint-Marc Girardin[51], fazer o policiamento de uma arte e pretender falar dela.

A Assimbolia

Tal é o verossímil crítico em 1965: é preciso falar de um livro com "objetividade", "gosto" e "clareza". Essas regras não são de nosso tempo: as duas últimas vêm do século clássico, a primeira do século positivista. Constitui-se assim um corpo de normas difusas, meio estéticas (vindas do Belo clássico), meio racionais (vindas do "bom senso"): estabelece-se uma espécie de torniquete tranquilizador entre a arte e a ciência, que dispensa sempre de estar completamente numa ou noutra.

50. R. Picard, *op. cit.*, p. 52.
51. Prevenindo a juventude contra "as ilusões e as confusões morais" que espalham os "livros do século".

Essa ambiguidade se exprime numa última proposição que parece conter o grande pensamento testamentário da velha crítica, tão devotamente ela é retomada: é preciso respeitar a "especificidade" da literatura[52]. Montada como uma pequena máquina de guerra contra a nova crítica, acusada de ser indiferente *"na literatura ao que é literário"* e de destruir *"a literatura como realidade original"*[53], constantemente repetida mas nunca explicada, essa proposição tem evidentemente a virtude inatacável de uma tautologia: *a literatura é a literatura*, pode-se assim, de um só golpe, indignar-se contra a ingratidão da nova crítica, insensível ao que a literatura, por um decreto do verossímil, comporta de Arte, de Emoção, de Beleza, de Humanidade[54], e fingir chamar a crítica a uma ciência renovada, que tomaria afinal o objeto literário "em si", sem dever mais nada às outras ciências, históricas ou antropológicas; essa "renovação" é aliás bastante rançosa: era mais ou menos nos mesmos termos que Brunetière censurava Taine por ter negligenciado demasiadamente a "essência literária", isto é, "as leis próprias do gênero".

Tentar estabelecer a estrutura das obras literárias é uma empresa importante e alguns pesquisadores com isso se preocupam, segundo métodos, é verdade, dos quais a velha crítica não diz uma só palavra, o que é normal, já que ela pretende observar as estruturas sem no entanto fazer "estruturalismo" (palavra que irrita e da qual é preciso "limpar" a língua francesa). É certo que a leitura de uma obra deve ser feita ao nível da obra; mas por um lado não se sabe como, uma vez postas as formas, se poderia evitar de encontrar os conteúdos, que vêm da história ou da *psique*, em resumo, aqueles "alhures" que a antiga crítica recusa a todo preço; por outro lado, a análise estrutural das obras custa muito mais caro do que se imagina, pois, exceto se se tagarelar amavelmente em torno do plano da obra, ela só pode ser feita em função de modelos lógicos: de fato, a especificidade da literatura só pode ser postulada no interior de uma teoria geral dos signos: para ter o

52. R. Picard, *op. cit.*, p. 117.
53. *Ibid.*, p. 104 e p. 122.
54. "... O abstrato dessa nova crítica, desumana e antiliterária" (*Revue parlementaire*, 15 nov. 1965).

direito de defender uma leitura imanente da obra, é preciso saber o que é a lógica, a história, a psicanálise; em suma, para devolver a obra à literatura, é necessário precisamente sair dela e pedir auxílio a uma outra cultura antropológica. Duvidamos que a velha crítica esteja preparada para isso.

Para ela, ao que parece, trata-se de defender uma especificidade puramente estética: ela quer proteger na obra um valor absoluto, inatingido por qualquer desses "alhures" indignos que são a história ou os porões da *psique*: o que ela quer não é uma obra constituída, é uma obra *pura*, que evite todo compromisso com o mundo, todo casamento indigno com o desejo. O modelo desse estruturalismo pudico é simplesmente moral.

"*A respeito dos deuses*, recomendava Demétrio de Falera, *dize que são deuses*". O imperativo final do verossímil crítico é da mesma espécie: *a respeito da literatura, digam que ela é literatura*. Esta tautologia não é gratuita: finge-se primeiramente acreditar que é possível falar da literatura, fazer dela o *objeto* de uma fala; mas essa fala não vai longe, porque não há nada a dizer desse objeto senão que ele é ele mesmo. O verossímil crítico termina, com efeito, no silêncio ou em seu substituto, a tagarelice: uma amável *causerie*, dizia já em 1921 Roman Jakobson da história da literatura. Paralisado pelas proibições que acompanham o "respeito" à obra (que para ele não é mais que a percepção exclusiva da letra), o verossímil crítico mal pode falar: o escasso filete de fala que lhe deixam todas as suas censuras só lhe permite afirmar o direito das instituições sobre os escritores mortos. Quanto a duplicar essa obra por meio de outra fala, ele se privou dos meios de o fazer porque não quer assumir os riscos.

Afinal, o silêncio é uma maneira de se despedir. Marquemos pois, à guisa de adeus, o malogro dessa crítica. Já que seu objeto é a literatura, ela poderia ter procurado estabelecer as condições em que uma obra é possível, esboçar senão uma ciência, pelo menos uma técnica da operação literária; mas é aos próprios escritores que ela deixou o trabalhe – e a preocupação – de levar adiante essa tarefa (e felizmente eles não se privaram de o fazer, de Mallarmé a Blanchot): estes não cessaram de reconhecer que a linguagem é a própria matéria da literatura, avançando assim, a seu modo, para a verdade *objetiva* de sua arte. Pelo menos poderiam ter aceitado libertar a crítica – que não é a ciência e não pretende ser – de modo que ela nos dissesse o sentido que os homens modernos podem dar a obras passadas. Acreditam que Racine nos concerne "por si mesmo", na letra do texto? Seriamente, que nos importa um teatro "violento mas pudico"? Que pode querer dizer hoje um "príncipe orgulhoso e generoso"[55]? Que linguagem singular! Falam-nos de um herói "viril" (sem entretanto permitir qualquer alusão a seu sexo); transportada para alguma paródia, tal expressão faria rir; é aliás o que acontece quando a lemos na "Carta de Sófocles a Racine", que Gisèle, a amiga de Albertine, redigiu para ganhar seu diploma ("os caracteres são viris"[56]). De resto, que faziam Gisèle e Andrée senão velha crítica, quando a propósito do mesmo Racine elas falavam do "gênero trágico", da "intriga" (reencontramos aqui as "leis do gênero"), dos "caracteres bem construídos" (eis a coerência das "implicações psicológicas"), notando que Athalie não é uma "tragédia amorosa" (do mesmo modo lembram-nos que *Andromaque* não é um drama patriótico) etc.[57]? O vocabulário crítico em nome do qual nos repreendem é o de uma mocinha que preparava seu diploma há três quartos de século. Depois disso, entretanto, houve Marx, Freud, Nietzsche. Por outro lado, Lucien Febvre, Merleau-Ponty reclamaram o direito de refazer constantemente a história da história, a história da filosofia, de modo que o objeto passado seja sempre um objeto total. Por que uma voz análoga não se levanta para garantir à literatura o mesmo direito?

Esse silêncio, esse malogro, pode ser, senão explicado, pelo menos dito de outro modo. O velho crítico é vítima de uma disposição que os analistas da linguagem conhecem bem

55. R. Picard, *op. cit.*, p. 34 e p. 32.

56. M. Proust, *A la recherche du temps perdu* (Pléiade, I, p. 912).

57. R. Picard, *op. cit.*, p. 30. Nunca fiz, evidentemente, de *Andromaque* um drama patriótico; essas distinções de gêneros não eram meu propósito – o que precisamente me censuraram. Falei da figura do Pai em *Andromaque*, é tudo.

e chamam de *assimbolia*[58]: é-lhe impossível perceber ou manejar símbolos, isto é, coexistência de sentidos; nele, a função simbólica geral, que permite aos homens construir ideias, imagens e obras, é perturbada, limitada ou censurada logo que são ultrapassados os usos estreitamente racionais da linguagem.

Certamente, é possível falar de uma obra literária fora de qualquer referência ao símbolo. Isso depende do ponto de vista que se escolhe e que basta anunciar. Sem falar do imenso domínio das instituições literárias que pertence à história[59], e para permanecer na obra singular, é certo que, se vou tratar de *Andromaque* do ponto de vista das receitas da representação, ou dos manuscritos de Proust do ponto de vista da materialidade de suas rasuras, é para mim desnecessário acreditar ou não acreditar na natureza simbólica das obras literárias: um afásico pode muito bem trançar cestos ou fazer serviços de carpintaria. Mas desde que se pretenda tratar a obra em si mesma, segundo o ponto de vista de sua constituição, torna-se impossível não colocar em sua maior dimensão as exigências de uma leitura simbólica.

É o que fez a nova crítica. Todos sabem que ela trabalhou abertamente, até agora, partindo da natureza simbólica das obras e do que Bachelard chamava de defecções da imagem. No entanto, na querela que acabam de deflagrar contra ela, ninguém parece ter pensado um só instante que pudesse tratar-se de símbolos, e que, por conseguinte, aquilo que se devia discutir fossem as liberdades e os limites de uma crítica explicitamente simbólica: afirmaram-se os direitos totalitários da letra sem nunca deixar entender que o símbolo também pudesse ter os seus, que não se limitam talvez às poucas liberdades residuais que a letra se digna deixar-lhe. A letra exclui o símbolo ou pelo contrário o permite? A obra significa literalmente ou simbolicamente – ou ainda, segundo as palavras de Rimbaud, "literalmente e em todos os sentidos"[60]?

58. H. Hécaen e R. Angelergues, *Pathologie du langage*, Larousse, 1965, p. 32.

59. Cf. *Sur Racine*, "Histoire ou Littérature?", Seuil, 1963, p. 147 s.

60. Rimbaud a sua mãe, que não compreendia *Une Saison en Enfer*: "Quis dizer o que isto diz, literalmente e em todos os sentidos" (*OEuvres*

Tal podia ser o fim do debate. As análises de *Sur Racine* ligam-se todas a certa lógica simbólica, como foi declarado no prefácio do livro. Seria preciso ou contestar no seu conjunto a existência ou a possibilidade dessa lógica (o que teria tido a vantagem, como se diz, de "elevar a discussão"); ou mostrar que o autor de *Sur Racine* tinha aplicado mal essas regras – o que ele teria reconhecido de bom grado, sobretudo dois anos depois de ter publicado seu livro e seis depois de o ter escrito. É uma singular lição de leitura contestar todos os pormenores de um livro, sem dar a entender um só momento que se percebeu o projeto do conjunto, isto é, simplesmente: o sentido. A velha crítica lembra aqueles "arcaicos" de que fala Ombredane e que, postos pela primeira vez diante de um filme, veem somente, de toda a cena, o frango que atravessa a praça da aldeia. Não é razoável fazer da letra um império absoluto e contestar em seguida, sem prevenir, cada símbolo em nome de um princípio que não foi feito para ele. Vocês censurariam um chinês (já que a nova crítica lhes parece uma língua estranha) por cometer erros de francês *quando ele fala chinês?*

Mas por que, afinal, essa surdez aos símbolos, essa *assimbolia?* O que é pois que ameaça, no símbolo? Fundamento do livro, por que o sentido múltiplo põe em perigo a fala em torno do livro? E por que, ainda uma vez, hoje?

Complètes, Pléiade, p. 656).

II

Nada é mais essencial a uma sociedade que a *classificação* de suas linguagens. Mudar essa classificação, deslocar a fala, é fazer uma revolução. Durante dois séculos, o classicismo francês se definiu pela separação, pela hierarquia e pela estabilidade de suas escrituras, e a revolução romântica considerou-se ela própria como uma desordem da classificação. Ora, há mais ou menos cem anos, desde Mallarmé, sem dúvida, um remanejamento importante dos lugares de nossa literatura está em curso: o que se troca, se penetra e se unifica é a dupla função, poética e crítica, da escritura[1]; não só os escritores fazem eles próprios sua crítica, mas sua obra, frequentemente, enuncia as condições de seu nascimento (Proust) ou mesmo de sua ausência (Blanchot). Uma mesma linguagem tende a circular por toda a literatura, e até por detrás dessa própria linguagem;

1. Cf. Gérard Genette, "Rhétorique et Enseignement au XXe. siècle", deve sair na revista *Annales*, em 1966. (N. da T.: *Annales* nº 2, março-abril 1966.)

o livro é assim tomado pelo avesso por aquele que o faz; não há mais poetas nem romancistas: há apenas uma escritura[2].

A Crise do Comentário

Ora, eis que, por um movimento complementar, o crítico se torna por sua vez escritor. Está claro que querer ser escritor não é uma pretensão de estatuto mas uma intenção de ser. Que nos importa se é mais glorioso ser romancista, poeta, ensaísta ou cronista? O escritor não pode ser definido em termos de papel ou de valor, mas somente por uma certa *consciência da palavra*. É escritor aquele para quem a linguagem constitui problema, que experimenta sua profundidade, não sua instrumentalidade ou sua beleza. Nasceram então livros críticos, oferecendo-se à leitura segundo as mesmas vias que a obra propriamente literária, se bem que seus autores não sejam, por estatuto, mais do que críticos e não escritores. Se a crítica nova tem alguma realidade, ela consiste nisto: não na unidade de seus métodos, ainda menos no esnobismo que, segundo se diz comodamente, a sustenta, mas na solidão do ato crítico, doravante afirmado, longe dos álibis da ciência ou das instituições, como um ato de plena escritura. Outrora separados pelo mito gasto do "soberbo criador e do humilde servidor, ambos necessários, cada um no seu lugar etc.", o escritor e o crítico se reúnem na mesma condição difícil, em face do mesmo objeto: a linguagem.

Esta última transgressão, como vimos, é mal tolerada. Entretanto, embora ainda seja preciso batalhar por ela, talvez ela já esteja ultrapassada por um novo remanejamento que surge no horizonte: não é mais somente a crítica que começa essa "travessia da escritura"[3], que marcará talvez nosso século, é todo o discurso intelectual. Há quatro séculos já, o fundador

2. "A poesia, os romances, as novelas são singulares antiguidades que não enganam mais ninguém, ou quase. Poemas, narrativas, para quê? Só resta a escritura". J. M. G. Le Clézio (Introdução a *La Fièvre*).

3. Philippe Sollers, "Dante et la traversée de l'écriture", *Tel Quel* nº 23, outono 1965. (N. da T.: O artigo citado faz parte do volume *Logiques*, Paris, Seuil, 1968, p. 44.)

da ordem que mais fez pela retórica, Inácio de Loyola, deixava em seus *Exercícios Espirituais* o modelo de um discurso dramatizado, exposto a uma outra força além da do silogismo ou da abstração, como a perspicácia de Georges Bataille não deixou de observar[4]. Desde então, através de escritores como Sade ou Nietszche, as regras da exposição intelectual são periodicamente "queimadas" (nos dois sentidos do termo). É isso, ao que parece, o que está abertamente em causa hoje. O intelecto acede a uma outra lógica, aborda a região nua da "experiência interior": uma mesma e única verdade é procurada, comum a toda palavra, seja ela fictícia, poética ou discursiva, porque ela é doravante a verdade da própria palavra. Guando Georges Lacan fala[5], substitui a abstração tradicional dos conceitos por uma expansão total da imagem no campo da palavra, de modo que ela não separe mais o exemplo da ideia, e seja ela mesma a verdade. Num outro extremo, rompendo com a noção comum de "desenvolviment", *Le Cru et le Cuit*, de Claude Lévi-Strauss, propõe uma nova retórica da *variação*, e leva assim a uma responsabilidade da forma que estamos pouco habituados a encontrar nas obras de ciências humanas. Uma transformação da palavra discursiva está sem dúvida em curso, a mesma que aproxima o crítico do escritor: entramos numa *crise geral do Comentário*, tão importante talvez como a que marcou, com relação ao mesmo problema, a passagem da Idade Média ao Renascimento.

Esta crise é com efeito inevitável, a partir do momento em que se descobre – ou se redescobre – a natureza simbólica da linguagem, ou, se se preferir, a natureza linguística do símbolo. É o que se passa hoje, sob a ação conjugada da psicanálise e do estruturalismo. Durante muito tempo, a sociedade clássico-burguesa viu na palavra um instrumento ou uma decoração; vemos nela agora um signo e uma verdade.

---

4. "Nesse ponto, vemos o segundo sentido da palavra dramatizar: é o desejo, acrescentado ao discurso, de não ficar no enunciado, de obrigar a sentir o vento gelado, de estar nu [...] A esse propósito, é um erro clássico atribuir os Exercícios de Santo Inácio ao método discursivo." (*L'Expérience intérieure*, Gallimard, 1954, p. 26.)

5. No seu seminário da École Pratique des Hautes Études.

Tudo o que é tocado pela linguagem é pois de certa forma questionado: a filosofia, as ciências humanas, a literatura.

Eis sem dúvida o debate no qual é preciso recolocar hoje a crítica literária, a aposta da qual ela é em parte o objeto. Quais são as relações da obra e da linguagem? Se a obra é simbólica, que regras de leitura devemos seguir? Pode existir uma ciência dos símbolos escritos? A linguagem do crítico pode ser ela mesma simbólica?

A Língua Plural

Como gênero, o Diário íntimo foi tratado de dois modos bem diferentes pelo sociólogo Alain Girard e pelo escritor Maurice Blanchot[6]. Para um, o Diário é a expressão de um certo número de circunstâncias sociais, familiais, profissionais etc.; para o outro, é um modo angustiado de retardar a solidão fatal da escritura. O Diário possui assim pelo menos dois sentidos, dos quais cada um é plausível porque coerente. Este é um fato banal, do qual se podem encontrar mil exemplos na história da crítica e na variedade de leituras que pode inspirar uma mesma obra: são pelo menos os fatos que atestam que a obra tem vários sentidos. Cada época pode acreditar, com efeito, que detém o sentido canônico da obra, mas basta alargar um pouco a história para transformar esse sentido singular em sentido plural e a obra fechada em obra aberta[7]. A própria definição da obra muda: ela não é mais um fato histórico, ela se torna um fato antropológico, já que nenhuma história a esgota. A variedade dos sentidos não depende pois de uma visão relativista dos costumes humanos; ela designa, não uma inclinação da sociedade para o erro, mas uma disposição da obra à abertura; a obra detém ao mesmo tempo vários sentidos, por estrutura, não por enfermidade dos que a leem. É

6. Alain Girard, *Le Journal intime* (P. U. F., 1963). – Maurice Blanchot, *L'Espace littéraire* (Gallimard, 1955, p. 20).

7. Ver *L'Oeuvre ouverte*, de Umberto Eco (Seuil, 1965). (N. da T.: Ver *Obra Aberta*, de Umberto Eco, Editora Perspectiva, 1968).

nisso que ela é simbólica: o símbolo não é a imagem, é a própria pluralidade dos sentidos[8].

O símbolo é constante. Apenas podem variar a consciência que a sociedade dele tem e os direitos que ela lhe concede. A liberdade simbólica foi reconhecida e de certo modo codificada na Idade Média, como se vê na teoria dos quatro sentidos[9]; em compensação a sociedade clássica, de modo geral, acomodou-se mal a essa liberdade: ignorou-a ou, como em suas sobrevivências atuais, censurou-a: a história da liberdade dos símbolos é uma história frequentemente violenta, e isso tem também, é claro, seu sentido: não se censuram impunemente os símbolos. De qualquer modo, este é um problema institucional e não, por assim dizer, estrutural: quaisquer que sejam os pensamentos ou os decretos das sociedades, a obra os ultrapassa, os atravessa, como uma forma que sentidos mais ou menos contingentes, históricos, vêm preencher alternativamente: uma obra é "eterna" não porque ela impõe um sentido único a homens diferentes, mas porque ela sugere sentidos diferentes a um homem único, que fala sempre a mesma língua simbólica através dos tempos múltiplos: a obra propõe, o homem dispõe.

Todo leitor sabe disso, se não quer deixar-se intimidar pelas censuras da letra: não sente ele que retoma contato com um certo *para-além* do texto, como se a linguagem primeira

8. Não ignoro que a palavra *símbolo* tem um sentido bem diferente em semiologia, onde os sistemas simbólicos são pelo contrário aqueles nos quais "uma só forma pode ser posta, a cada unidade de expressão correspondendo biunivocamente uma unidade de conteúdo", em face aos sistemas semióticos (linguagem, sonho) onde é necessário "postular duas formas diferentes, uma para a expressão, outra para o conteúdo, sem conformidade entre elas" (N. Ruwet, "La Linguistique générale aujourd'hui", *Arch. europ. de Sociologie*, V (1964), p. 287). – É evidente que, segundo essa definição, os símbolos da obra pertencem a uma semi-óptica e não a uma simbólica. Conservo entretanto aqui, provisoriamente, a palavra *símbolo*, no sentido geral que lhe dá Paul Ricoeur, e que basta às considerações que seguem ("Há símbolo quando a linguagem produz signos de grau composto, onde o sentido, não contente de designar alguma coisa, designa um outro sentido que não poderia ser atingido a não ser em sua mira e através dela". *De l'Interprétation, essai sur Freud*, Seuil, 1965, p. 25)

9. Sentido literal, alegórico, moral e anagógico. Subsiste, evidentemente, uma travessia orientada dos sentidos em direção do sentido anagógico.

da obra desenvolvesse nele outras palavras e lhe ensinasse a falar uma segunda língua? É o que se chama *sonhar*. Mas o sonho tem suas avenidas, como diz Bachelard, e essas avenidas são traçadas diante da palavra pela segunda língua da obra. A literatura é a exploração do nome: Proust fez sair todo um mundo desses poucos sons: *Guermantes*. No fundo, o escritor tem sempre em si a crença de que os signos não são arbitrários e que o nome é uma propriedade natural da coisa: os escritores estão ao lado de Crátilo, não de Hermógenes. Ora, *devemos ler como se escreve*: é então que glorificamos a literatura ("glorificar" é "manifestar em sua essência"); pois, se as palavras tivessem somente um sentido, o do dicionário, se uma segunda língua não viesse perturbar e liberar "as certezas da linguagem", não haveria literatura[10]. Eis por que as regras da leitura não são as da letra, mas as da alusão: são regras linguísticas, não regras filológicas[11].

A filologia tem com efeito por tarefa fixar o sentido literal de um enunciado, mas não tem nenhum poder sobre os sentidos segundos. Ao contrário, a linguística trabalha não no sentido de reduzir as ambiguidades da linguagem mas no de as compreender e, por assim dizer, as *instituir*. O que os poetas conhecem há muito tempo sob o nome de *sugestão* ou de *evocação*, o linguista começa a precisar, dando assim às flutuações do sentido um estatuto científico. R. Jakobson insistiu sobre a ambiguidade constitutiva da mensagem poética (literária); isto quer dizer que essa ambiguidade não depende de uma visão estética das "liberdades" da interpretação, ainda menos de uma moral sobre seus riscos, mas que podemos formulá-la em

10. Mallarmé: "Se bem o acompanho, escreve ele a Francis Viélé-Griffin, você apoia o privilégio criador do poeta na imperfeição do instrumento que ele deve tocar; uma língua hipoteticamente adequada a traduzir seu pensamento suprimiria o literato, que se chamaria, então, Senhor Todo Mundo." (Citado por J. P. Richard, *L'Univers imaginaire de Mallarmé*, Seuil, 1961, p. 576.)

11. Recentemente, e muitas vezes, censurou-se a nova crítica dizendo que ela contraria a tarefa do educador, que é essencialmente, ao que parece, *ensinar a ler*. A velha retórica tinha por ambição *ensinar a escrever*: ela dava regras de criação (de imitação), não de recepção. Podemos, com efeito, perguntar-nos se não é diminuir a leitura, isolar assim suas regras. Bem ler é virtualmente bem escrever, isto é, escrever segundo o símbolo.

termos de código: a língua simbólica à qual pertencem as obras literárias é *por estrutura* uma língua plural, cujo código é feito de tal sorte que toda palavra (toda obra) por ele engendrada tem sentidos múltiplos. Essa disposição já existe na língua propriamente dita, que comporta muito mais incertezas do que se diz – e isto começa a ocupar o linguista[12]. Entretanto, as ambiguidades da linguagem prática nada são ao lado das da linguagem literária. As primeiras são com efeito redutíveis pela *situação* em que aparecem. Alguma coisa fora da mais ambígua das frases, um contexto, um gesto, uma lembrança nos diz como se deve compreende-la, se quisermos utilizar *praticamente* a informação que ela está encarregada de nos transmitir: é a contingência que faz um sentido claro.

Nada disso acontece com a obra: a obra é para nós sem contingência, e é talvez isto que melhor a define: a obra não está cercada, designada, protegida, dirigida por nenhuma situação, nenhuma vida prática está ali para nos dizer o sentido que lhe devemos dar; ela tem sempre algo de citacional: nela a ambiguidade é pura: por mais prolixa que seja, ela possui algo da concisão pítica, palavras conforme a um primeiro código (a pitonisa não divagava) e no entanto aberta a vários sentidos, pois eram pronunciadas fora de qualquer *situação* – a não ser a própria situação da ambiguidade: a obra está sempre em situação profética. Certamente, acrescentando *minha* situação à leitura que faço de uma obra, posso reduzir sua ambiguidade (e é o que acontece geralmente); mas essa situação mutante *compõe* a obra, não a reencontra: a obra não pode protestar contra o sentido que eu lhe dou, já que eu mesmo me submeto aos constrangimentos do código simbólico que a fundamenta, isto é, já que aceito inscrever minha leitura no espaço dos símbolos; mas ela não pode também autentificar esse sentido, pois o código segundo da obra é limitativo, não prescritivo: ele traça os volumes dos sentidos, não das linhas; ele fundamenta ambiguidades, não um sentido.

Retirada de toda *situação*, obra se dá, por isso mesmo, a explorar: diante daquele que a escreve ou a lê ela se torna uma

---

12. A. J Greimas, *Cours de Sémantique*, principalmente o capítulo VI sobre a Isotopia do discurso (Curso mimeografado na École Normale Supérieure de Saint Cloud, 1964). (N. da T.: Ver A. J. Greimas, *Sémantique structurale*, Paris, Larousse, 1966, pp. 69 s.)

pergunta feita à linguagem, da qual se experimentam os fundamentos se tocam os limites. A obra se faz assim depositária de um imenso, de um incessante inquérito sobre as palavras[13]. Pretende-se sempre que o símbolo não seja mais do que uma propriedade da imaginação. O símbolo tem também uma função crítica e o objeto de sua crítica é a própria linguagem. Às *Críticas da Razão* que a filosofia nos deu, podemos imaginar que se acrescente uma *Crítica da Linguagem*, e é a própria literatura.

Ora, se é verdade que a obra detém por estrutura um sentido múltiplo, ela deve dar lugar a dois discursos diferentes: já que se pode, por um lado, visar nela a todos os sentidos que ela recobre ou, o que é a mesma coisa, o sentido vazio que os suporta a todos; e pode-se, por outro lado, visar a um só desses sentidos. Esses dois discursos não devem de modo algum ser confundidos, pois eles não têm nem o mesmo objeto nem as mesmas sanções. Pode-se propor chamar de *ciência da literatura* (ou da escritura) aquele discurso geral cujo objeto é, não tal sentido determinado, mas a própria pluralidade dos sentidos da obra, e *crítica literária* aquele outro discurso que assume abertamente, às suas custas, a intenção de dar um sentido particular à obra. Essa distinção não é entretanto suficiente. Como a atribuição de sentido pode ser escrita ou silenciosa, separar-se-á a *leitura* da obra de sua *crítica*: a primeira é imediata; a segunda é mediatizada por uma linguagem intermediária, que é a escritura do crítico. *Ciência*, *Crítica*, *Leitura*, tais são os três tipos de palavra que devemos percorrer para tecer em torno da obra sua coroa de linguagem.

A Ciência da Literatura

Possuímos uma história da literatura mas não uma ciência da literatura, porque, sem dúvida, não podemos ainda reconhecer plenamente a natureza do *objeto* literário, que é um

---

13. Inquérito do escritor sobre a linguagem: esse tema foi realçado e tratado por Marthe Robert a propósito de Kafka (principalmente em *Kafka*, Gallimard, "Bibliothèque idéale", 1960).

objeto escrito. A partir do momento em que se admitir que a obra é feita com escritura (e daí tirar as consequências), uma *certa* ciência da literatura é possível. Seu objeto (se ela existir um dia) não poderá ser o de impor à obra um sentido, em nome do qual ela se daria o direito de rejeitar os outros sentidos: ela assim se comprometeria (como o fez até o presente). Não poderá ser uma ciência dos conteúdos (sobre os quais só a mais estrita ciência histórica terá alcance), mas uma ciência das *condições* do conteúdo, isto é, das formas: o que lhe interessará serão as variações de sentidos engendradas e, por assim dizer, *engendráveis* pelas obras: ela não interpretará os símbolos, mas somente sua polivalência; em uma só palavra, seu objeto não será mais os sentidos plenos da obra, mas pelo contrário o sentido vazio que os suporta a todos.

Seu modelo será evidentemente linguístico. Colocado diante da impossibilidade de dominar todas as frases de uma língua, o linguista aceita estabelecer um *modelo hipotético de descrição*, a partir do qual ele possa explicar como são engendradas as frases infinitas de uma língua[14]. Quaisquer que sejam as correções às quais sejamos levados, não há nenhuma razão para que não se tente aplicar tal método às obras da literatura: essas obras são elas mesmas semelhantes a imensas "frases" derivadas da língua geral dos símbolos, através de um certo número de transformações reguladas, ou, de um modo mais geral, através de uma certa lógica significante que é preciso descrever. Por outras palavras, a linguística pode dar à literatura esse modelo gerador que é o princípio de toda ciência, já que se trata sempre de dispor de certas regras para explicar certos resultados. A ciência da literatura terá pois por objeto, não por que tal sentido deva ser aceito, nem mesmo por que o foi (isto, ainda uma vez, é tarefa de historiador), mas por que ele é *aceitável*, de modo algum em função das regras biológicas da letra, mas em função das regras linguísticas do símbolo. Reencontramos aqui, transposta para a escala de uma ciência do discurso, a tarefa da linguística recente que é de descrever a *gramaticalidade* das frases, não

14. Penso aqui, evidentemente, nos trabalhos de N. Chomsky e nas propostas da gramática transformacional.

sua significação. Do mesmo modo, esforçar-nos-emos por descrever a *aceitabilidade* das obras, não seu sentido. Não classificaremos o conjunto dos sentidos possíveis como uma ordem imóvel, mas como as marcas de uma imensa disposição "operante" (já que ela permite que se façam obras), alargada do autor à sociedade. Respondendo à *faculdade de linguagem* postulada por Humboldt e Chomsky, existe talvez no homem uma *faculdade de literatura*, uma energia da palavra, que nada tem a ver com o "gênio", pois ela é feita não de inspiração ou de vontades pessoais, mas de regras acumuladas bem além do autor. Não são imagens, ideias ou versos que a voz mítica da Musa sopra ao escritor, é a grande lógica dos símbolos, são as grandes formas vazias que permitem falar e operar.

Imaginamos os sacrifícios que uma tal ciência poderia custar àquilo que amamos ou cremos amar na literatura quando dela falamos, e que é frequentemente o *autor*. E no entanto: como a ciência poderia falar de *um* Autor? A ciência da literatura só pode aparentar a obra literária, embora esta seja assinada, ao mito que não o é[15]. Somos geralmente inclinados, pelo menos hoje, a acreditar que o escritor pode reivindicar o sentido de sua obra e definir ele próprio esse sentido como legal; de onde uma interrogação desarrazoada dirigida pelo crítico ao escritor morto, à sua vida, aos rastros de suas intenções, para que ele nos assegure ele próprio acerca do que significa sua obra: quer-se a todo preço fazer falar o morto ou seus substitutos, seu tempo, o gênero, o léxico, em suma tudo o que é *contemporâneo* ao autor, proprietário por metonímia do direito do escritor transferido para sua criação. Ainda mais: pedem-nos que esperemos que o escritor morra para poder tratá-lo com "objetividade"; curiosa reviravolta: é no momento em que a obra se torna mítica que ela deve ser tratada como um fato exato.

A morte tem outra importância: ela irrealiza a assinatura do autor e faz da obra um mito: a verdade das anedotas se

15. "O mito é uma palavra que parece não ter emissor verdadeiro que assumisse seu conteúdo e reivindicasse seu sentido, portanto enigmático." (L. Sebag, "Le Mythe: Code et Message", *Temps modernes*, março 1965.)

esgota em vão, tentando alcançar a verdade dos símbolos[16]. O sentimento popular bem o sabe: não vamos ver a representação de "uma obra de Racine" mas "um Racine", do mesmo modo que se vai ver "um Western", como se colhêssemos à nossa vontade, em certo momento de nossa semana, para nos alimentar, um pouco da substância de um grande mito; não vamos ver *Phèdre*, mas "a Berma em *Phèdre*", como leríamos Sófocles, Freud, Hölderlin e Kierkegaard em *OEdipe e Antigone*. E estamos certos, pois recusamos assim que o morto se apodere do vivo, libertamos a obra dos constrangimentos da intenção, reencontramos o tremor mitológico dos sentidos. Apagando a assinatura do escritor, a morte funda a verdade da obra, que é enigma. Sem dúvida a obra "civilizada" não pode ser tratada como um mito, no sentido etnológico do termo; mas a diferença depende menos da assinatura da mensagem do que de sua substância: nossas obras são escritas, o que lhes impõe constrangimentos de sentido que o mito oral não podia conhecer: é uma mitologia da escritura que nos espera; ela terá por objeto não obras *determinadas*, isto é, inscritas num processo de determinação do qual uma pessoa (o autor) seria a origem, mas obras *atravessadas* pela grande escritura mítica onde a humanidade experimenta suas significações, isto é, seus desejos.

Será pois necessário aceitar a redistribuição dos objetos da ciência literária. O autor, a obra, são apenas os pontos de partida de uma análise cujo horizonte é uma linguagem: não pode existir uma ciência de Dante, de Shakespeare ou de Racine, mas somente uma ciência do discurso. Essa ciência terá dois grandes territórios, segundo os signos de que tratará: o primeiro compreenderá os signos inferiores à frase, tais como as antigas figuras, os fenômenos de conotação, as "anomalias semânticas"[17] etc., em suma todos os traços da linguagem

---

16. "O que faz que o julgamento da posteridade sobre o indivíduo seja mais justo do que o dos contemporâneos reside na morte. Só nos desenvolvemos à nossa maneira depois da morte..." (F. Kafka, *Préparatifs de noce a la campagne*, Gallimard, 1957, p. 366.)

17. T. Todorov, "Les anomalies sémantiques", a ser publicado na revista *Langages*. (N. da T.: *Langages* n⁰ 1, março 1966 (Didier-Larousse).

literária em seu conjunto; o segundo compreenderá os signos superiores à frase, a partes do discurso de onde se pode induzir uma estrutura da narrativa, da mensagem poética, do texto discursivo[18] etc. Grandes e pequenas unidades do discurso estão evidentemente numa relação de integração (como os fonemas com relação às palavras e as palavras com relação à frase), mas elas se constituem em níveis independentes de descrição. Tomado desse modo, o texto literário se oferecerá a análises *seguras*, mas é evidente que essas análises deixarão fora de seu alcance um enorme resíduo. Esse resíduo corresponderá àquilo que julgamos hoje essencial na obra (o gênio pessoal, a arte, a humanidade), a menos que retomemos interesse e amor pela verdade dos mitos.

A objetividade requerida por essa nova ciência da literatura visará não mais à obra imediata (que pertence à história literária ou à filologia), mas à sua inteligibilidade. Assim como a fonologia, sem recusar as verificações experimentais da fonética, fundou uma nova objetividade do sentido fônico (e não mais somente do som físico), da mesma forma existe uma objetividade do símbolo, diferente daquela que é necessária ao estabelecimento da letra. O objeto fornece constrangimentos de substâncias, não regras de significação: a "gramática" da obra não é a do idioma no qual ela está escrita, e a objetividade da nova ciência depende dessa segunda gramática, não da primeira. O que interessará à ciência da literatura não é que a obra tenha existido, mas que ela tenha sido compreendida e o seja ainda: o inteligível será a fonte de sua "objetividade".

Será pois preciso dizer adeus à ideia de que a ciência da literatura possa ensinar-nos o sentido que se deve com certeza

18. A análise estrutural da narrativa está se lançando atualmente em pesquisas preliminares, levadas a efeito principalmente no Centre d'Études des Communications de Masse de l'École Pratique des Hautes Études, a partir dos trabalhos de V. Propp e Claude Lévi-Strauss. – Sobre a mensagem poética ver: R. Jakobson, *Essais de Linguistique générale*, Minuit, 1963, ch. 11 (N. da T.: tradução brasileira: "Linguística e Poética" em *Linguística e Comunicação*, Editora Cultrix, 1969) e Nicolas Ruwet: "L'analyse structurale de la poésie" (*Linguistics* 2, dez. 1963) e "Analyse structurale d'un poème français" (*Linguistics* 3, Uni. 1964). Cf. igualmente: Claude Lévi-Strauss e Roman Jakobson: "Les Chats de Charles Baudelaire" (*L'Homme*, II, 1962, 2), e Jean Cohen, *Structure du langage poétique* (Flammarion, 1966).

atribuir a uma obra: ela não *dará*, nem mesmo *reencontrará* nenhum sentido, mas descreverá somente segundo que lógica os sentidos são engendrados de uma maneira que possa ser *aceita* pela lógica simbólica dos homens, assim como as frases da língua francesa são *aceitas* pelo "sentimento linguístico" dos franceses. Resta sem dúvida um longo caminho a percorrer, antes que possamos dispor de uma linguística do discurso, isto é, de uma verdadeira ciência da literatura, conforme à natureza verbal de seu objeto. Pois se a linguística pode ajudar-nos, ela não pode sozinha responder às indagações que lhe fazem esses objetos novos que são as partes do discurso e os duplos sentidos. Ela precisará principalmente da ajuda da história, que lhe dirá a duração, muitas vezes imensa, dos códigos segundos (como o código retórico) e da antropologia, que permitirá descrever por comparações e integrações sucessivas a lógica geral dos significantes.

A Crítica

A crítica não é a ciência. Esta trata dos sentidos, aquela os produz. Ela ocupa, como dissemos, um lugar intermediário entre a ciência e a leitura; ela dá uma língua à pura fala que lê e dá uma fala (entre outras) à língua mítica com a qual é feita a obra e da qual trata a ciência.

A relação da crítica com a obra é a de um sentido com uma forma. O crítico não pode pretender "traduzir" a obra, sobretudo de modo mais claro, pois não há nada mais claro do que a obra. O que ele pode é "engendrar" um certo sentido derivando-o de uma forma que é a obra. Se ele lê "a filha de Minos de Pasifaé", seu papel não é estabelecer que se trata de Fedra (os filólogos o farão muito bem) mas conceber uma rede de sentidos tal que nela tomem lugar, segundo certas exigências lógicas acerca das quais falaremos daqui a pouco, o tema infernal e o tema solar. A crítica duplica os sentidos, faz flutuar acima da primeira linguagem da obra uma segunda linguagem, isto é, uma coerência de signos. Trata-se em suma de uma espécie de anamorfose, ficando bem entendido que por um lado a obra não se presta nunca a um puro reflexo (não é um objeto especular como uma maçã ou uma caixa), e por outro lado que a própria anamorfose é uma transformação *vigiada*, submetida a constrangimentos ópticos: daquilo que ela reflete, ela deve transformar *tudo*; só transformar segundo certas leis; transformar sempre no mesmo sentido. São esses os três constrangimentos da crítica.

O crítico não pode dizer "qualquer coisa"[19], o que controla suas palavras não é no entanto o medo moral de "delirar"; primeiramente porque ele deixa a outros o cuidado indigno de separar peremptoriamente a razão da desrazão, no próprio século em que sua separação é posta em questão[20]; em seguida, porque o direito a "delirar" foi conquistado pela literatura desde Lautréamont pelo menos, e que a crítica poderia muito bem entrar em delírio segundo motivos poéticos, por pouco que ela o declarasse: Taine não teria parecido "delirante" a Boileau, Georges Blin e Brunetière? Não, se o crítico deve dizer alguma coisa (e não qualquer coisa), é que ele concede à palavra (à do autor e à sua) uma função significante e que por conseguinte a anamorfose que ele imprime à obra (e à qual ninguém no mundo tem o poder de se subtrair) é guiada pelos constrangimentos formais dos sentidos: não se faz sentido de qualquer modo (se você duvidar, experimente): a sanção do crítico não é o sentido da obra, é o sentido daquilo que ele diz dela.

O primeiro constrangimento é considerar que na obra tudo é significante: uma gramática não é bem descrita se *todas* as frases não puderem, ser explicadas por ela; um sistema de sentidos é insatisfatório se todas as falas não puderem aí se encaixar num lugar inteligível: que um só traço seja demais e a descrição não é boa. Essa regra de exaustividade, que os linguistas conhecem bem, é de um alcance bem diverso do que a espécie de controle estatístico que, ao que parece, querem transformar numa obrigação do crítico[21]. Uma opinião obstinada, vinda uma vez mais de um pretenso modelo das ciências físicas, lhe assopra que ele só pode reter na obra os elementos frequentes, repetidos,

---

19. Acusação feita contra a nova crítica por R. Picard (*op.*, *cit.* p. 66).

20. Será preciso lembrar que a loucura tem uma história – e que essa história não terminou? (Michel Foucault, *Folie et Déraison. Histoire de la Folie à l'âge classique*, Plon, 1961.)

21. R. Picard, *op. cit.*, *p.* 64.

sem o que ele se torna culpado de "generalizações abusivas" e de "extrapolações aberrantes"; você não pode, dizem-lhe, tratar como gerais situações que se encontram somente em duas ou três tragédias de Racine. É preciso lembrar, uma vez mais[22], que, estruturalmente, o sentido não nasce por repetição mas por diferença, de modo que um termo raro, desde que seja tomado num sistema de exclusões e de relações, significa tanto quanto um termo frequente: em francês, a palavra *baobab* não tem nem mais nem menos sentido que a palavra *amigo*. A contagem das unidades significantes tem seu interesse e uma parte da linguística cuida disso; mas ela esclarece a *informação*, não a significação. Do ponto de vista crítico, só pode conduzir a um impasse; pois a partir do momento em que se define o interesse de uma notação, ou, se se quiser, o grau de persuasão de um traço, pelo número de suas ocorrências, é preciso decidir metodicamente esse número: a partir de quantas tragédias terei o direito de "generalizar" uma situação raciniana? Cinco, seis, dez? Devo ultrapassar a "média" para que o traço seja notável e o sentido surja? Que farei com os termos raros? Livrar-me deles sob o nome pudico de "exceções", de "desvios"? São esses absurdos que a semântica permite justamente evitar. Pois "generalizar" não designa aí uma operação quantitativa (induzir pelo número de suas ocorrências a verdade de um traço) mas qualitativa (inserir todo termo, mesmo raro, num conjunto geral de relações). Certamente, sozinha, uma imagem não constitui o imaginário[23], mas o imaginário não pode ser descrito sem essa imagem, por mais frágil ou solitária que ela seja, sem o *isto*, indestrutível, dessa imagem. As *generalizações* da linguagem crítica dizem respeito à extensão das relações de que faz parte uma notação, não ao número de ocorrências materiais nessa notação: um termo pode ser formulado apenas uma vez em toda uma obra, e no entanto, pelo efeito de certo número de transformações que definem precisamente o fato estrutural, aí estar presente "em toda parte" e "sempre"[24].

22. Cf. Roland Barthes: "A propos de deux ouvrages de Claude Lévi--Strauss Sociologie et Socio-logique" (*Informations sur les Sciences sociales*, Unesco, dez. 1962, I, 4, p. 116).
23. R. Picard, *op. cit.*, p. 43.
24. *Ibid.*, p. 19.

Essas transformações também têm seus constrangimentos: são as da lógica simbólica. Opõem-se ao "delírio" da nova crítica "as regras elementares do pensamento científico ou mesmo simplesmente articulado"[25]; isso é estúpido; existe uma lógica do significante. Certamente não a conhecemos bem e ainda não é fácil saber de que "conhecimento" ela pode ser objeto; pelo menos podemos aproximar-nos dela, como procuram fazer a psicanálise e o estruturalismo; pelo menos sabemos que não se pode falar dos símbolos de qualquer jeito; pelo menos dispomos – mesmo que seja provisoriamente – de certos modelos que permitem explicar segundo que fileiras se estabelecem as cadeias de símbolos. Esses modelos deveriam premunir contra o espanto, ele próprio assaz espantoso, que a velha crítica sente ao ver aproximar-se a sufocação do veneno, o gelo do fogo[26]. Essas formas de transformação foram enunciadas ao mesmo tempo pela psicanálise e pela retórica[27]. São, por exemplo: a substituição propriamente dita (metáfora), a omissão (elipse), a condensação (homonímia), o deslocamento (metonímia), a denegação (antífrase). O que o crítico procura encontrar são pois as transformações reguladas, não aleatórias, que têm por objeto cadeias muito extensas (*o pássaro, o voo, a flor, o fogo de artifício, o leque, a borboleta, a bailarina*, em Mallarmé[28]) permitido ligações longínquas mas legais (*o grande rio calmo e a árvore outonal*) de modo que a obra, longe de ser lida de um modo "delirante", é penetrada por uma unidade mais larga. Essas ligações são fáceis? Não mais do que as da própria poesia.

O livro é um mundo. O crítico experimenta, diante do livro, as mesmas condições de fala que o escritor diante do mundo. Neste ponto chegamos ao terceiro constrangimento da crítica. Como a do escritor, a anamorfose que o crítico imprime a seu objeto é sempre dirigida: ela deve ir sempre no mesmo sentido. Qual é esse sentido? Será o da "subjetividade", de que acusam o novo crítico? Entende-se ordinariamente por crítica "subjetiva" um discurso deixado à inteira discrição de um *sujeito*, que não

25. *Ibid.*, p. 58.
26. *Ibid.*, pp. 15 e 23.
27. Cf. E. Benveniste, "Remarques sur la fonction du langage dans la découverte freudienne" (*La Psychanalyse* n⁰ 1, 1956. 3-39)
28. J.-P. Richard, *op. cit., pp.* 304 e s.

224

leva absolutamente em conta o *objeto*, e que se supõe (para melhor o oprimir) reduzido à expressão anárquica e tagarela de sentimentos individuais. Ao que já se poderia responder que uma subjetividade sistematizada, isto é, *cultivada* (ligada à cultura), submetida a imensos constrangimentos, saídos eles próprios dos símbolos da obra, tem mais chance, talvez, de se aproximar do objeto literário do que uma objetividade inculta, cega com relação a ela própria e que se obriga por detrás da letra como por detrás de uma natureza. Mas a bem dizer, não é exatamente disso que se trata: a crítica não é a ciência: não é o objeto que se deve opor ao sujeito, em crítica, mas seu predicado. Dir-se-á, de outro modo, que o crítico enfrenta um objeto que não é a obra mas sua própria linguagem. Que relação um crítico pode ter com a linguagem? É por aí que devemos procurar definir a "subjetividade" do crítico.

O crítico clássico forma a crença ingênua de que o sujeito é um "pleno", e que as relações do sujeito com a linguagem são as de um conteúdo com uma expressão. O recurso ao discurso simbólico conduz, ao que parece, a uma crença inversa: o sujeito não é uma plenitude individual que se pode ou não evacuar na linguagem (segundo o "gênero" de literatura que se escolhe), mas pelo contrário um vazio em torno do qual o escritor tece uma fala infinitamente transformada (inserida numa cadeia de transformações), de modo que toda escritura *que não mente* designa não os atributos interiores do sujeito, mas sua ausência[29]. A linguagem não é o predicado de um sujeito, inexprimível ou que ela exprima, é o sujeito[30]. Parece-me (e creio não ser o único a pensar assim) que é precisamente isto que define a literatura: se se tratasse simplesmente de exprimir (como se espreme um limão) sujeitos e objetos igualmente plenos, por "imagens", para que a literatura? O discurso de má-fé seria suficiente. O que traz o símbolo é a necessidade de designar incansavelmente o *nada* do *eu* que sou. Acrescentando sua linguagem à do autor e seus

---

29. Reconhece-se aqui um eco, embora deformado, do ensino do Doutor Lacan, em seu seminário da École Pratique des Hautes Études.

30. "Não existe subjetivo a não ser inexprimível", disse, R. Picard (*op. cit.*, p. 13). É liquidar um pouco apressadamente as relações do sujeito com a linguagem, que para outros "pensadores" diferentes de R. Picard constitui um problema particularmente difícil.

símbolos aos da obra, o crítico não "deforma" o objeto para se exprimir nele, não faz dele o predicado de sua própria pessoa; reproduz uma vez mais, como um signo destacado e variado, o signo das próprias obras, cuja mensagem, infinitamente rebatida, não é tal "subjetividade", mas a própria confusão do sujeito e da linguagem, de modo que a crítica e a obra dizem sempre: *eu sou literatura*, e que, por suas vozes conjugadas, a literatura nunca enuncia mais que a ausência de sujeito.

Certamente, a crítica é uma leitura profunda (ou melhor: profilada), ela descobre na obra um certo inteligível, e nisso, é verdade, ela decifra e participa de uma interpretação. Entretanto o que ela desvenda não pode ser um significado (pois esse significado recua sem cessar até o vazio do sujeito), mas somente cadeias de símbolos, homologias de relações: o "sentido" que ela dá de pleno direito à obra não é mais, finalmente, do que um novo florescer dos símbolos que fazem a obra. Quando um crítico tira do pássaro e do leque malarmeanos um "sentido" comum, o do *ir e vir*, do *virtual*[31] não está designando uma última verdade da imagem, mas somente uma nova imagem, ela própria suspensa. A crítica não é uma tradução, mas uma perífrase. Ela não pode pretender encontrar o "fundo" da obra, pois esse fundo é o próprio sujeito, isto é, uma ausência: toda metáfora é um signo sem fundo, e é esse longínquo do significado que o processo simbólico, em sua profusão, designa: o crítico só pode continuar as metáforas da obra, não reduzi-las: ainda uma vez, se há na obra um significado "escondido" e "objetivo", o símbolo não passa de um eufemismo, a literatura é apenas disfarce e a crítica apenas filologia. É estéril reduzir a obra à pura explicitação, pois então não há *imediatamente* mais nada a dizer, e a função da obra não pode ser a de fechar os lábios dos que a leem; mas é quase igualmente vão procurar na obra o que ela diria sem o dizer e supor nela um segredo último, que descoberto, nada mais deixaria a acrescentar: por mais que se fale da obra, resta sempre, *como no primeiro momento*, linguagem, sujeito, ausência.

A medida do discurso crítico é sua *justeza*. Da mesma forma que em música, se bem que uma nota justa não seja uma nota "verdadeira", a verdade do canto depende, em fim de contas, da justeza, porque a justeza é feita de um uníssono ou de uma

---

31. J. P. Richard, *op. cit.*, III, VI.

harmonia, assim, para ser verdadeiro, é preciso que o crítico seja justo e que tente reproduzir em sua própria linguagem, segundo "uma encenação espiritual exata"[32], as condições simbólicas da obra, na falta de que, precisamente, não a pode "respeitar". Existem com efeito dois modos, é verdade que de brilho desigual, de perder o símbolo. O primeiro, como se viu, é muito expeditivo: consiste em negar o símbolo, em reduzir todo o perfil significante da obra às banalidades de uma falsa letra ou em fechá-lo no impasse de uma tautologia. No extremo oposto, o segundo consiste em interpretar cientificamente o símbolo: em declarar por um lado que a obra se oferece à decifração (e por isso ela é reconhecida como simbólica), mas, por outro lado, em conduzir essa decifração por meio de uma fala ela própria literal, sem profundidade, sem fuga, encarregada de deter a metáfora infinita da obra para possuir nesta parada sua "verdade": são desse tipo os críticos simbólicos de intenção científica (sociológica ou psicanalítica). Nos dois casos, é a disparidade arbitrária das linguagens, a da obra e a do crítico, que faz perder o símbolo: querer reduzir o símbolo é tão excessivo quanto obstinar-se a ver apenas a letra. *É preciso que o símbolo vá procurar o símbolo*, é preciso que uma língua fale plenamente uma outra língua: é assim, finalmente, que a letra da obra é respeitada. Esse desvio que devolve afinal o crítico à literatura não é vão: ele permite lutar contra uma dupla ameaça: falar de uma obra expõe, com efeito, a cair numa fala nula, seja ela tagarelice ou silêncio, ou numa fala reificadora, que imobiliza sob uma letra última o significado que ela acredita ter encontrado. Em crítica, a fala justa só é possível se a responsabilidade do "intérprete" com relação à obra se identifica à responsabilidade do crítico para com sua própria fala.

Em face à ciência da literatura, mesmo se ele a entrevê, o crítico permanece infinitamente desmunido, pois ele não pode dispor da linguagem como de um bem ou de um instrumento: *ele é aquele que não sabe o que jazer da ciência da literatura.* Mesmo se lhe definissem essa ciência como puramente "expositiva" (e não mais explicativa), ele ainda se acharia separado dela: o que ele expõe é a própria linguagem, não seu objeto. Entretanto, essa distância não é inteiramente deficitária, se ela permite à

---

32. Mallarmé, Prefácio a "Un coup de dés jamais n'abolira le hasard" (*OEuvres complètes*. Pléiade, p. 455).

crítica desenvolver o que falta precisamente à ciência e que se poderia chamar numa só palavra de: *ironia*. A ironia não é mais que a pergunta feita à linguagem pela linguagem[33]. O hábito que adquirimos de dar ao símbolo um horizonte religioso ou poético nos impede de perceber que existe uma ironia dos símbolos, um modo de colocar a linguagem em questão pelos excessos aparentes, declarados, da linguagem. Em face à pobre ironia voltairiana, produto narcisista de uma língua por demais confiante em si própria, pode-se imaginar uma outra ironia que, na falta de palavra melhor, chamaremos de *barroca*, porque ela joga com as formas e não com os seres, porque ela faz desabrochar a linguagem ao invés de fazê-la minguar[34]. Por que seria ela proibida ao crítico? Ela é talvez a única fala séria que lhe resta, enquanto o estatuto da ciência e da linguagem não estiver bem estabelecido – o que parece ser ainda o caso hoje. A ironia é então o que é dado imediatamente ao crítico: não o ver a verdade, segundo as palavras de Kafka, mas o ser[35], de modo que estejamos no direito de pedir-lhe, não: *faça-me acreditar no que você diz*, mas ainda mais: *faça-me acreditar em sua decisão de o dizer*.

A Leitura

Resta ainda uma última ilusão à qual se deve renunciar: o crítico não pode, de modo algum, substituir o leitor. Em

33. Na medida em que há uma *certa* relação entre o crítico e o romancista, a ironia do crítico (com relação a sua própria linguagem como objeto de criação) não é fundamentalmente diferente da ironia ou do humor que marca, segundo Lukács, René Girard e L. Goldmann o modo como o romancista ultrapassa a consciência de seus heróis (Cf. L. Goldmann, "Introduction aux problèmes d'une sociologie du roman", *Revue de l'Institut de Sociologie*, Bruxelas, 1963, 2, p. 229). – É inútil dizer que essa ironia (ou autoironia) nunca é perceptível aos adversários da nova crítica.

34. O gongorismo no sentido teórico do termo, comporta sempre um elemento reflexivo; através dos tons que podem variar muito, indo da oratória ao simples jogo, a figura excessiva contém uma reflexão sobre a linguagem, cuja seriedade é posta à prova. (Cf. Severo Sarduy, "Sur Gongora", *Tel Quel* (a sair). N. da T.: publicação em espanhol: "Sobre Góngora: la metáfora al cuadrado", em *Escrito sobre un cuerpo*, Buenos Aires, Editorial Sudamericana, 1969.)

35. "Nem toda a gente pode ver a verdade, mas toda a gente pode sê-la...", F. Kafka, citado por Marthe Robert, *op. cit.*, p. 80.

vão ele se prevalecerá – ou pedirão a ele que o faça – de emprestar uma voz, por mais respeitosa que seja, à leitura dos outros, de ser ele próprio apenas um leitor ao qual outros leitores delegaram a expressão de seus próprios sentimentos, em razão de seu saber ou de seu julgamento, em suma, de figurar os direitos de uma coletividade sobre a obra. Por quê? Porque mesmo que se defina o crítico como um leitor que escreve, isto quer dizer que esse leitor encontra em seu caminho um temível mediador: a escritura.

Ora, escrever é de certa forma fraturar o mundo (o livro) e refazê-lo. Que se pense aqui no modo profundo e sutil, como de hábito, que a Idade Média encontrou para reger as relações do livro (tesouro antigo) com aqueles que tinham o encargo de reconduzir essa matéria absoluta (absolutamente respeitada) através de uma nova fala. Só conhecemos hoje o historiador e o crítico (e ainda querem que, indevidamente, os confundamos); a Idade Média tinha estabelecido em torno do livro quatro funções distintas: o *scriptor* (que copiava sem nada acrescentar), o *compilator* (que nunca acrescentava coisas suas), o *commentator* (que só intervinha por si próprio no texto recopiado para o tornar inteligível) e afinal o *auctor* (que dava suas próprias ideias, apoiando-se sempre sobre outras autoridades). Tal sistema, estabelecido explicitamente com o único fim de ser "fiel" ao texto antigo, único Livro reconhecido (pode-se imaginar maior respeito do que o da Idade Média por Aristóteles ou Prisciano?), tal sistema produziu entretanto uma "interpretação" da Antiguidade que a modernidade apressou-se a recusar e que apareceria à nossa crítica "objetiva" como perfeitamente "delirante". É que de fato a visão crítica começa no próprio *compilator*: não é necessário acrescentar coisas suas a um texto para o "deformar"; basta citá-lo, isto é, cortá-lo: um novo inteligível nasce imediatamente: esse inteligível pode ser mais ou menos aceito: de qualquer modo é constituído. O crítico não é outra coisa senão um *commentator*, mas ele o é plenamente (e isto basta para o expor): pois por um lado é um transmissor, reconduz uma matéria passada (que frequentemente precisa disso: pois afinal Racine não tem uma certa dívida para com Georges

229

Poulet, Verlaine para com Jean-Pierre Richard?[36]); e por outro lado é um operador, redistribui os elementos da obra de modo a lhe dar uma certa inteligência, isto é, uma certa distância.

Outra separação entre o leitor e o crítico: enquanto não se sabe como um leitor *fala* a um livro, o crítico, este, é obrigado a tomar um certo "tom", e esse tom, em fim de contas, só pode ser afirmativo. O crítico pode duvidar e sofrer em si mesmo de mil maneiras e acerca de pontos imperceptíveis ao mais malévolo dos censores, ele só pode finalmente recorrer a uma escritura plena, isto é, assertiva. É irrisório pretender esquivar o ato da instituição que funda toda escritura por protestos de modéstia, de dúvida ou de prudência: são esses signos codificados, como os outros: nada podem garantir. A escritura *declara*, e é nisso que ela é escritura. Como poderia a crítica ser interrogativa, optativa ou dubitativa, sem má-fé, já que ela é escritura e escrever é precisamente encontrar o risco apofântico, a alternativa inelutável do verdadeiro/falso? O que diz o dogmatismo da escritura, se ele existe, é um engajamento, não uma certeza ou uma autossuficiência: não é nada mais do que um ato, esse pouco de ato que subsiste na escritura.

Assim "tocar" um texto, não com os olhos, mas com a escritura, coloca entre a crítica e a leitura um abismo, que é o mesmo que toda significação coloca entre sua margem significante e sua margem significada. Pois sobre o sentido que a leitura dá à obra, como sobre o significado, ninguém no mundo sabe algo, talvez porque esse sentido, sendo o desejo, se estabelece para além do código da língua. Somente a leitura ama a obra, entretém com ela uma relação de desejo. Ler é desejar a obra, é querer ser a obra, é recusar duplicar a obra fora de qualquer outra fala que não seja a própria fala da obra: o único comentário que poderia produzir um puro leitor, e que continuaria sendo tal, é o pasticho (como o indicaria o exemplo de Proust, amador de leituras e de

---

36. Georges Poulet: "Notes sur le temps racinien" (*Études sur le temps humain*, Pion, 1950). – J. P. Richard: "Fadeur de Verlaine", *Poésie et Profondeur*, Seuil, 1955.

pastichos). Passar da leitura à crítica é mudar de desejo, é desejar não mais a obra mas sua própria linguagem. Mas por isso mesmo, é devolver a obra ao desejo da escritura, do qual ela saíra. Assim gira a palavra em torno do livro: *ler, escrever*: de um desejo a outro vai toda a literatura. Quantos escritores só escreveram por ter lido? Quantos críticos só leram para escrever? Eles aproximaram as duas margens do livro, as duas faces do signo, para que surgisse apenas uma fala. A crítica é apenas um momento dessa história na qual entramos e que nos conduz à unidade – à verdade da escritura.

CRÍTICA NA PERSPECTIVA

Texto/Contexto I
Anatol Rosenfeld (D007)

Kafka: Pró e Contra
Gunter Anders (D012)

A Arte no Horizonte do Provável
Haroldo de Campos (D016)

O *Dorso do Tigre*
Benedito Nunes (D017)

Crítica e Verdade
Roland Barthes (D024)

Signos em Rotação
Octavio Paz (D048)

As Formas do Falso
Walnice N. Galvão (D051)

Figuras
Gérard Genette (D057)

Formalismo e Futurismo
Krystyna Pomorska (D060)

O *Caminho Crítico*
Nothrop Frye (D079)

Falência da Crítica
Leyla Perrone-Moisés (D081)

Os Signos e a Crítica
Cesare Segre (D083)

Fórmula e Fábula
Willi Bolle (D086)

As Palavras sob as Palavras
J. Starobinski (D097)

Metáfora e Montagem
Modesto Carone Netto (D102)

Repertório
Michel Butor (D 103)

Valise de Cronópio
Julio Cortázar (D104)

A Metáfora Crítica
João Alexandre Barbosa
(D105)

Ensaios Críticos e Filosóficos
Ramón Xirau (D107)

Escrito sobre um Corpo
Severo Sarduy (D122)

O *Discurso Engenhoso*
Antônio José Saraiva (D124)

Conjunções e Disjunções
Octavio Paz (D130)

A Operação do Texto
Haroldo de Campos (D134)

Poesia-Experiência
Mario Faustino (D136)

Borges: Uma Poética da Leitura
Emir Rodriguez Monegal
(D140)

As Estruturas e o Tempo
Cesare Segre (D150)

Cobra de Vidro
Sérgio Buarque de Holanda
(D156)

O *Realismo Maravilhoso*
Irlemar Chiampi (D160)

Tentativas de Mitologia
Sérgio Buarque de Holanda
(D161)

Dos Murais de Portinari aos Espaços de Brasília
Mário Pedrosa (D170)

O *Lírico e o Trágico em Leopardi*
Helena Parente Cunha (D171)

Arte como Medida
Sheila Leirner (D177)

Poesia com Coisas
Marta Peixoto (D181)

A Narrativa de Hugo de Carvalho Ramos
Albertina Vicentini (D196)

As Ilusões da Modernidade
João Alexandre Barbosa
(D198)

Uma Consciência Feminista: Rosário Castellanos
Beth Miller (D201)

O *Heterotexto Pessoano*
José Augusto Seabra (D204)

O *Menino na Literatura Brasileira*
Vânia Maria Resende (D207)

Analogia do Dissimilar
Irene A. Machado (D226)

O *Bom Fim do Shtetl: Moacyr Scliar*
Gilda Salem Szklo (D231)

O *Bildungsroman Feminino: Quatro Exemplos Brasileiros*
Cristina Ferreira Pinto (D233)

Arte e seu Tempo
Sheila Leirner (D237)

O *Super-Homem de Massa*
Umberto Eco (D238)

Borges e a Cabala
Saúl Sosnowski (D240)

Metalinguagem & Outras Metas
Haroldo de Campos (D247)

Ironia e o Irônico
D. C. Muecke (D250)

Texto/Contexto II
Anatol Rosenfeld (D254)

Thomas Mann
Anatol Rosenfeld (D259)

O *Golem, Benjamin, Buber e Outro Justos: Judaica I*
Gershom Scholem (D265)

O *Nome de Deus, a Teoria da Linguagem e Outros Estudos de Cabala e Mística: Judaica II*
Gershom Scholem (D266)

O *Guardador de Signos*
Rinaldo Gama (D269)

O *Mito*
K. K. Rutheven (D270)

O *Grau Zero do Escreviver*
José Lino Grünewald (D285)

Literatura e Música
Solange Ribeiro de Oliveira
(D286)

Mimesis
Erich Auerbach (E002)

Morfologia do Macunaíma
Haroldo de Campos (E019)

Fernando Pessoa ou o Poetodrama
José Augusto Seabra (E024)

Uma Poética para Antonio Machado
Ricardo Gullón (E049)

Poética em Ação
Roman Jakobson (E092)

Acoplagem no Espaço
Oswaldino Marques (E110)

Sérgio Milliet, Crítico de Arte
Lisbeth Rebollo Gonçalves (E132)

Em Espelho Crítico
Robert Alter (E139)

A Política e o Romance
Irving Howe (E143)

Crítica Genética e Psicanálise
Philippe Willemart (E214)

A Morte da Tragédia
George Steiner (E228)

Tolstói ou Dostoiévski
George Steiner (E238)

O *Prazer do Texto*
Roland Barthes (EL02)

Ruptura dos Gêneros na Literatura Latino-americana
Haroldo de Campos (EL06)

Projeções: Rússia/Brasil/Itália
Boris Schnaiderman (EL12)

O *Texto Estranho*
Lucrécia D'Aléssio Ferrara (EL18)

Duas Leituras Semióticas
Eduardo Pehuela Canizal (EL21)

Oswald Canibal
Benedito Nunes (EL26)

Mário de Andrade/Borges
Emir R. Monegal (EL27)

A Prosa Vanguardista na Literatura Brasileira: Oswald de Andrade
Kenneth D. Jackson (EL29)

Estruturalismo: Russos x Franceses
N. I. Balachov (EL30)

Céu Acima – Para um Tombeau de Haroldo de Campos
Leda Tenório da Morta (org.) (S45)

Sombras de Identidade
Gershon Shaked (LSC)

Tempo de Clima
Ruy Coelho (LSC)

Este livro foi impresso na cidade de Cotia,
nas oficinas da Meta Brasil,
para a Editora Perspectiva.